KB059474

단단하고 만만하게!

냥냥이랑 어휘로 과학 쏙

어휘연습장
초등 4·1

이은경, 김 션 지음

학교는 재미있는데, 수업 시간은 좀 별로예요. 어렵고, 지루하고, 딱딱하고, 답답해요. 공부하기 싫어서 그런 것만은 아닌 것 같아요. '오늘은 열심히 해봐야지.', '나도 공부 잘하고 싶어.'라고 굳게 결심한 날에도 수업 시간은 여전히 어렵고, 지루하고, 딱딱하고, 답답하거든요.

대체 나는 왜 이럴까요? 혹시 이런 고민해 본 적 있나요?

수업 시간이 지루하고 힘들어서 빨리 끝나기만을 바라는 우리 친구들의 딱한 표정을 안타깝게 바라보던 냥냥이 친구들이 있었어요. 이 친구들이 모두 모여 오랜 시간 고민한 끝에 드디어 그 이유를 찾아냈지요. 범인은 바로, 교과서 속 어휘! 어휘를 모르니 내용을 이해할 수 없는 거였어요.

우리 친구들이 보는 교과서에는 도저히 무슨 뜻인지 알 수 없는 어휘들이 툭툭 자꾸 튀어나와요. 이제 막 공부라는 것에 도전하려는 우리 친구들에게는 교과서 본문 속 어휘들이 너무나 낯설게 느껴졌을 거예요.

어휘의 뜻만 미리 알고 있었다면 척척 이해되고 기억되었을 내용인데, 겨우 그것 때문에 지금껏 교과서와 친구가 되지 못했다니 억울할 지경 이에요.

　그래서 냥냥이 친구들이 '짠' 하고 이렇게 나타났어요. 공부를 열심히 해서 시험도 백 점 맞고 싶고, 나만의 소중한 꿈도 이루고 싶고, 오래 오래 기억될 훌륭한 사람이 되고 싶은 친구들을 위해 꼭 기억해야 할 어휘를 골라 설명해 주고, 숨은그림찾기, 끝말잇기, 색칠하기 등의 여 러 가지 활동을 하면 새롭게 알게 된 어휘를 내 것으로 만들어 버릴 수 있어요.

　이제 냥냥이가 이끄는 대로 즐겁게 한 발씩 따라가기만 하면 돼요. 그 럼 자연스럽게 수업 시간이 만만하고, 즐겁고, 시간이 후딱 지나가는 제법 해볼 만한 도전이 될 거예요.

새롭고 힘찬 새학년의 시작을 응원하며
냥냥이 친구들이

이 책의 구성과 특징

어휘랑 놀자 01

1. 과학 탐구

어떤 일이나 의논, 의견에 그 근본이 되는 것, 또는 그런 까닭을 무엇이라고 할까요?

| ㄱ | ㄱ | → | | |

🔔 길 찾기

🐾 머라냥이 모르냥의 집을 찾아갈 수 있도록 도와주세요. 갈림길에 있는 ○, × 문제의 정답 쪽으로 가면 된대요.

의견이 옳음을 보여 줄 때 근거가 꼭 필요한 것은 아니다. ✕

탐구 활동에서 의사소통할 때는 과학적인 근거를 들어 자신의 생각을 정확하게 전달해야 한다.

도착

근거로 사용하는 자료는 출처를 밝히지 않아도 된다.

타당한 근거를 들어 설명하면 자신과 생각이 다른 사람을 쉽게 설득할 수 있다.

근거는 '왜냐하면 ~ 하기 때문이다'로 제시한다.

 끝말잇기

냥냥이들이 끝말잇기 게임을 하고 있어요. 중간에 빠진 어휘를 찾아볼까요?

근거

⬇

거미

⬇

❶ ☐☐☐

⬇

실내화 ⇨ 화장

❷ ☐☐ ⇨ 도자기

⬆ ⬇

미역 기도

⬆ ⬇

장미 ❸ ☐☐

⬆ ⬇

화장 장식장

 냥냥이와 문장대결

'근거'라는 어휘를 넣어 예쁘냥과 문장 대결을 펼쳐 볼까요?

 난 독도가 우리 땅이라는 근거를 많이 들 수 있어.

해당 개념어를 사용한 냥냥이의
문장을 보고, 대결하듯이 나도
한 번 만들어 본다.

어떤 일이나 의논, 의견에 그 근본이 되는 것, 또는 그런 까닭을 무엇이라고 할까요?

ㄱ ㄱ ⇒ ☐ ☐

머라냥이 모르냥의 집을 찾아갈 수 있도록 도와주세요. 갈림길에 있는 ○, × 문제의 정답 쪽으로 가면 된대요.

의견이 옳음을 보여 줄 때 근거가 꼭 필요한 것은 아니다.

탐구 활동에서 의사소통할 때는 과학적인 근거를 들어 자신의 생각을 정확하게 전달해야 한다.

근거로 사용하는 자료는 출처를 밝히지 않아도 된다.

타당한 근거를 들어 설명하면 자신과 생각이 다른 사람을 쉽게 설득할 수 있다.

근거는 '왜냐하면 ~ 하기 때문이다'로 제시한다.

출발

도착

끝말잇기

냥냥이들이 끝말잇기 게임을 하고 있어요. 중간에 빠진 어휘를 찾아볼까요?

근거	❷ □□ ⇨	도자기
⇩	⇧	⇩
거미	미역	기도
⇩	⇧	⇩
❶ □□□	장미	❸ □□
⇩	⇧	⇩
실내화 ⇨	화장	장식장

냥냥이와 문장대결

'근거'라는 어휘를 넣어 예뽀냥과 문장 대결을 펼쳐 볼까요?

난 독도가 우리 땅이라는 근거를 많이 들 수 있어.

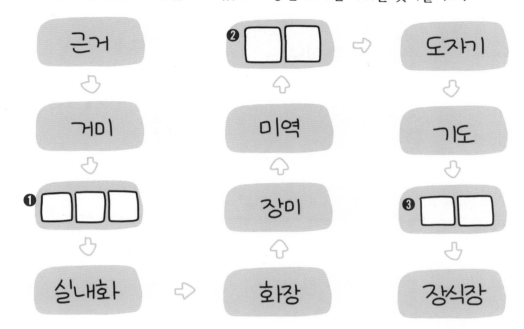

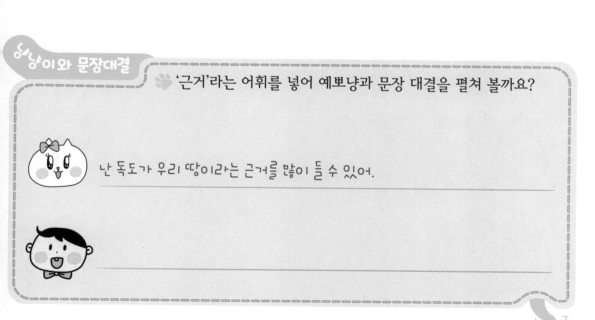

거품이 나는 것을 무엇이라고 할까요?

ㅂ ㅍ →

 깜빡한 어휘를 찾아라

🐾 냥냥이들이 이야기를 하다가 깜빡 잊어버린 어휘들이 있어요. 친구들이 문장에 어울리는
어휘를 찾아 줄까요?

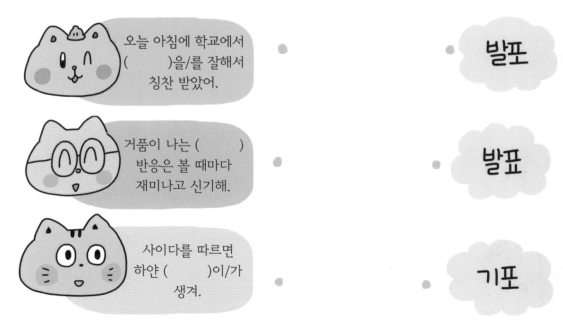

오늘 아침에 학교에서
( )을/를 잘해서
칭찬 받았어.

발포

거품이 나는 ( )
반응은 볼 때마다
재미나고 신기해.

발표

사이다를 따르면
하얀 ( )이/가
생겨.

기포

10

같은 어휘, 다른 뜻

🐾 다음은 같은 글자를 쓰지만 뜻이 여러 개인 어휘의 뜻을 써 놓은 것이에요. 이 어휘는 무엇인지 쓰세요.

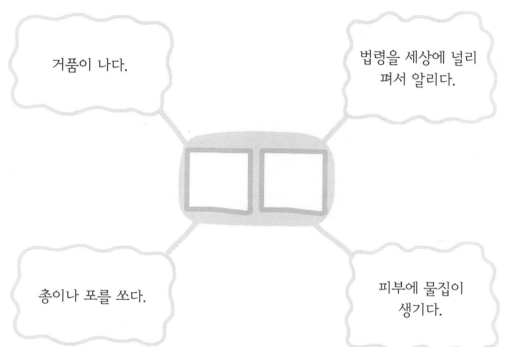

거품이 나다.

법령을 세상에 널리 펴서 알리다.

총이나 포를 쏘다.

피부에 물집이 생기다.

야옹이와 문장대결

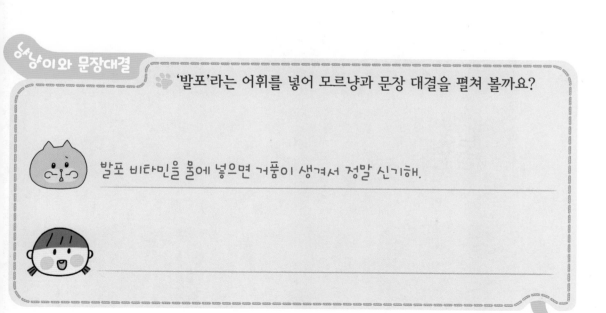

🐾 '발포'라는 어휘를 넣어 모르냥과 문장 대결을 펼쳐 볼까요?

발포 비타민을 물에 넣으면 거품이 생겨서 정말 신기해.

11

넓이와 높이를 가진 물건이 공간에서 차지하는 크기를 무엇이라고 할까요?

초성 퀴즈

🐾 주어진 초성을 보고 어휘 만들기 놀이를 하고 있어요. 친구들의 어휘 실력은 얼마나 풍부한지 알아볼까요? 할 수 있는 만큼 빈칸을 채워 보세요.

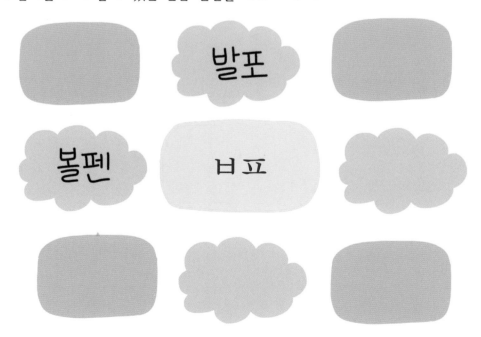

발포

볼펜

ㅂ ㅍ

사다리 완성하기

다음 어휘의 뜻에 맞는 사다리를 만들기 위해 가로줄 하나를 추가하여 사다리를 완성하세요.

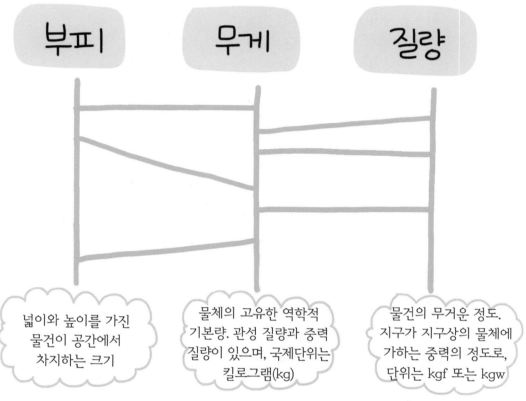

부피

무게

질량

넓이와 높이를 가진 물건이 공간에서 차지하는 크기

물체의 고유한 역학적 기본량. 관성 질량과 중력 질량이 있으며, 국제단위는 킬로그램(kg)

물건의 무거운 정도. 지구가 지구상의 물체에 가하는 중력의 정도로, 단위는 kgf 또는 kgw

야옹이와 문장대결

'부피'라는 어휘를 넣어 모르냥과 문장 대결을 펼쳐 볼까요?

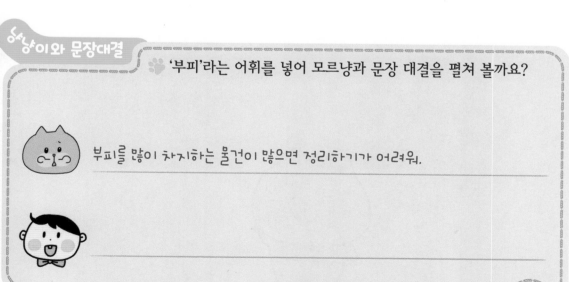

부피를 많이 차지하는 물건이 많으면 정리하기가 어려워.

13

어휘랑 놀자 04

초성 퀴즈

물질 따위에 압력을 가하여 그 부피를 줄이는 것을 무엇이라고 할까요?

ㅇ ㅊ ⇒ ☐ ☐

 깜빡한 어휘 찾기

압축에 대한 바른 설명을 찾아볼까요? 설명이 바른 도형의 글자를 모으면 괜찬냥이 깜빡한 어휘를 찾을 수 있어요.

발바닥에서 발뒤꿈치를 들었을 때 땅에 닿는 부분을 뒤축이라고 한다.

구

물질에 압력을 가하여 부피를 줄이는 것을 압축이라고 한다.

압

문장을 줄여 짧게 말하는 것을 압축이라고 한다.

축

범위, 규모, 세력 따위를 늘리거나 넓히는 것을 압축이라고 한다.

조

아하! 내가 찾는 어휘는 (   )(이)야.

😺 좌표를 따라가면 원하는 글자를 찾을 수 있어요. 주어진 좌표를 읽고 예쁘냥이 찾는 어휘를 찾아 쓰세요.

좌표(나, 4)는 '잎'을 나타내요.

	가	나	다	라	마
1	투	쓰	레	꼬	물
2	축	피	복	부	조
3	투	떡	압	학	구
4	리	잎	기	단	위
5	교	축	주	도	통

① 쓰레기의 부피를 줄일 수 있는 쓰레기통을 좌표 (다, 3) (가, 2) (나, 1) (다, 1) (다, 4) (마, 5)이라고 한다.

② 압축하면 좌표 (라, 2) (나, 2)를 줄일 수 있다.

😺 '압축'이라는 어휘를 넣어 알갓냥과 문장 대결을 펼쳐 볼까요?

이불 압축팩은 이불의 부피를 줄여 주어서 저장 공간을 넓혀 줘.

_____

어휘랑 놀자 **05**

비스듬히 기울어진 면을 무엇이라고 할까요?

ㄱ ㅅ ㅁ ⇒ ☐ ☐ ☐

벌집 모양 끝말잇기

한 줄 끝말잇기만 하면 심심하잖아요. 앞말도 이어 보고, 끝말도 두 개, 세 개씩 이어 볼까요?

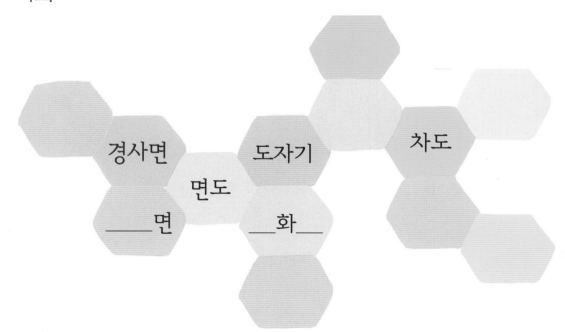

경사면

면도

____면

도자기

__화__

차도

정답 109쪽

🐾 냥냥이들이 들고 있는 어휘들을 활용하여 짧은 글을 써 볼까요? 주어진 어휘 중 3개 이상을 활용하여 짧은 글을 써 보세요.

 냥냥이와 문장대결

🐾 '경사면'이라는 어휘를 넣어 예쁘냥과 문장 대결을 펼쳐 볼까요?

 경사면에 주차된 차는 위험할 수 있어.

어휘랑 놀자

06

물체의 잘라 낸 면을 무엇이라고 할까요?

ㄷ ㅁ ➡ ☐ ☐

색칠하기

다음은 알갓냥이 좋아하는 과일을 잘라 놓은 것이에요. 해당 과일을 생각하면서 각 과일에 맞는 색으로 칠하세요.

귤

딸기

키위

수박

레몬

 '단' 자로 시작하는 말은?

🐾 '단면'의 첫 글자인 '단' 자로 시작하는 어휘를 찾아보세요. "단~ 단~ 단 자로 시작하는 말~"

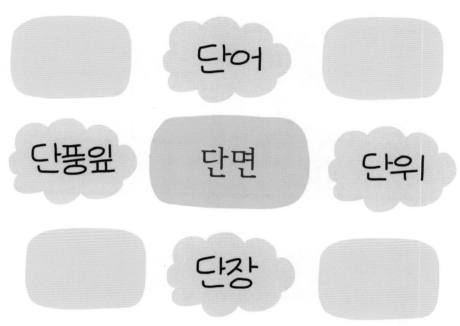

단어

단풍잎 · 단면 · 단위

단장

야옹이와 문장대결

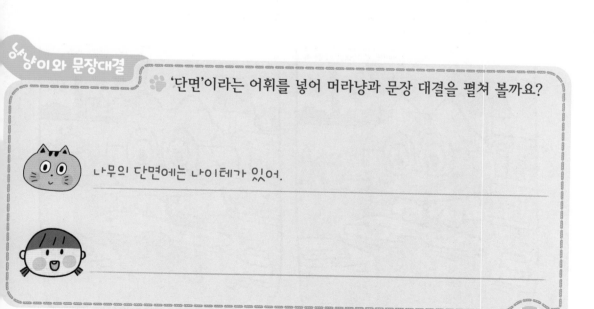

🐾 '단면'이라는 어휘를 넣어 머라냥과 문장 대결을 펼쳐 볼까요?

나무의 단면에는 나이테가 있어.

어휘랑 놀자 07

실물을 모방하여 만든 물건을 무엇이라고 할까요?

| ㅁ | ㅎ | → | | |

틀린 그림 찾기

🐾 알갓냥이 비행기 모형을 조립하고 있어요. 다음 왼쪽과 오른쪽 그림에서 달라진 것 5개를 찾아 ○표 하세요.

 **끝말잇기**

:paw: 냥냥이들이 끝말잇기 게임을 하고 있어요. 함께 끝말잇기 한번 해 볼까요?

모형

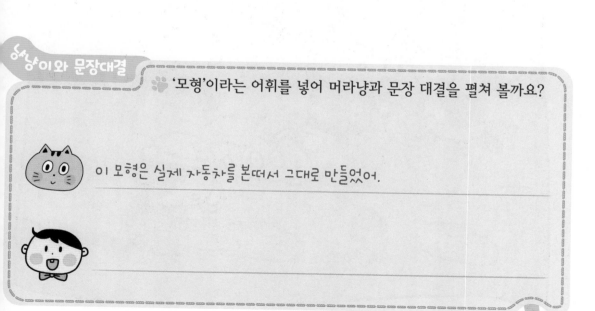

냥이와 문장대결

:paw: '모형'이라는 어휘를 넣어 머라냥과 문장 대결을 펼쳐 볼까요?

이 모형은 실제 자동차를 본떠서 그대로 만들었어.

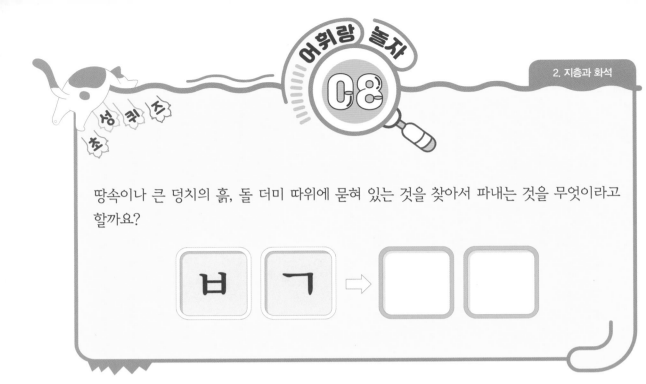

어휘랑 놀자

08

초성퀴즈

땅속이나 큰 덩치의 흙, 돌 더미 따위에 묻혀 있는 것을 찾아서 파내는 것을 무엇이라고 할까요?

ㅂ ㄱ ➡ ☐ ☐

숨은그림찾기

🐾 다음 그림에서 화석 3개와 숨어 있는 냥냥이 3마리를 찾아 ○표 하세요.

 **나의 직업은 무엇일까요?**

🐾 냥냥이들이 '나의 직업은 무엇일까요?' 놀이를 하고 있어요. 어쩌냥이 설명하는 직업을 맞혀 보세요.

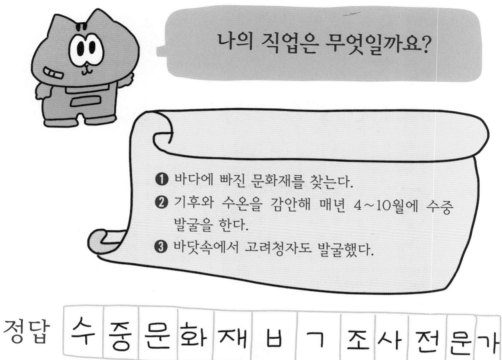

나의 직업은 무엇일까요?

❶ 바다에 빠진 문화재를 찾는다.
❷ 기후와 수온을 감안해 매년 4~10월에 수중 발굴을 한다.
❸ 바닷속에서 고려청자도 발굴했다.

정답 | 수 | 중 | 문 | 화 | 재 | ㅂ | ㄱ | 조 | 사 | 전 | 문 | 가 |

 **냥냥이와 문장대결**

🐾 '발굴'이라는 어휘를 넣어 모르냥과 문장 대결을 펼쳐 볼까요?

 선사 시대의 유적에서 유물을 찾기 위해 발굴이 시작되었어.

어휘랑 놀자
09

초성 퀴즈

사물이 생겨나거나 사물이 생겨 이루어지게 하는 것을 무엇이라고 할까요?

ㅅ   ㅅ ⇨ ☐ ☐

어휘의 뜻 짐작하기

'생성'의 뜻을 짐작하여 보고, 그 뜻으로 알맞은 것을 찾아 색칠하세요.

사물이 생겨나다.

사물이 없어지다.

생각이 떠오르다.

세상에 태어나다.

주어진 초성을 보고 어휘 만들기 놀이를 하고 있어요. 친구들의 어휘 실력은 얼마나 풍부한지 알아볼까요? 할 수 있는 만큼 빈칸을 채워 보세요.

생성

생수

ㅅㅅ

냥이와 문장대결

'생성'이라는 어휘를 넣어 알갓냥과 문장 대결을 펼쳐 볼까요?

지금도 과학자들은 태양계의 생성 과정을 밝히기 위해 연구하고 있어.

끊이지 않고 죽 이어지거나 지속되는 성질이나 상태를 무엇이라고 할까요?

ㅇ	ㅅ	ㅅ

→

 **비슷한 말 찾기**

다음 글자 판에서 '연속성'과 비슷한 뜻을 가진 어휘를 세 개 찾으세요.

절	계	산	관	해
생	단	속	련	결
성	장	숙	성	연
짐	발	표	상	관
작	달	관	심	성

26

🐾 다음 '연속성'과 관련된 어휘를 쓰고, 이 어휘들과 관련된 어휘를 선으로 연결하면서 생각 그물을 확장해 보세요.

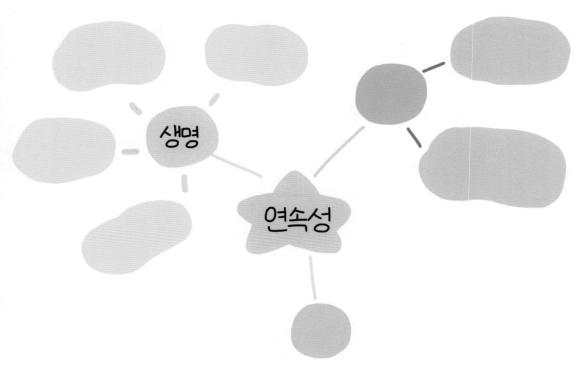

생명

연속성

 냥이와 문장대결

🐾 '연속성'이라는 어휘를 넣어 모르냥과 문장 대결을 펼쳐 볼까요?

 병아리를 기르면서 생명의 연속성에 호기심이 생겼어.

27

어휘랑 놀자 11

초성퀴즈

알갱이의 크기·색·성분 따위가 서로 달라서 위아래의 퇴적암과 구분되는 퇴적암체를 무엇이라고 할까요?

| ㅈ | ㅊ | ⇒ | | |

개념 이해하기

🐾 다음의 설명이 맞으면 '맞다'에, 틀리면 '틀리다'에 ∨표 하세요.

지층은 자갈, 모래, 진흙 따위가 운반되어 짧은 시간 동안 단단하게 굳어져 만들어진다.

☐ 맞다 ☐ 틀리다

지층은 수직인 지층, 이어진 지층, 휘어진 지층이 있다.

☐ 맞다 ☐ 틀리다

지각의 변동에 의해서 양쪽으로 당기거나 누르는 강한 힘을 받게 되면 지층은 휘어지거나 끊어지게 된다.

☐ 맞다 ☐ 틀리다

지층에 줄무늬가 나타나는 것은 지층을 이루고 있는 알갱이 크기나 색깔 따위가 서로 다르기 때문이다.

☐ 맞다 ☐ 틀리다

노래 가사 바꾸기

'바윗돌 깨뜨려' 노래를 떠올리며 빈칸을 채워 보세요.

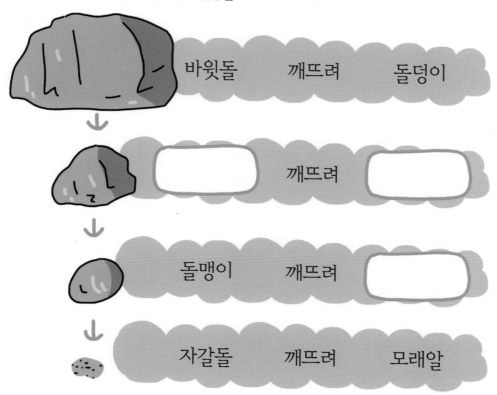

바윗돌   깨뜨려   돌덩이

깨뜨려

돌맹이   깨뜨려

자갈돌   깨뜨려   모래알

어쩌냥이와 문장대결

'지층'이라는 어휘를 넣어 어쩌냥과 문장 대결을 펼쳐 볼까요?

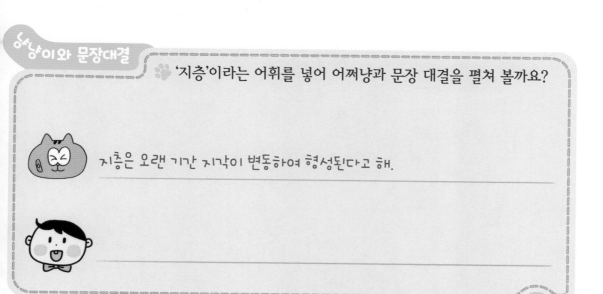

지층은 오랜 기간 지각이 변동하여 형성된다고 해.

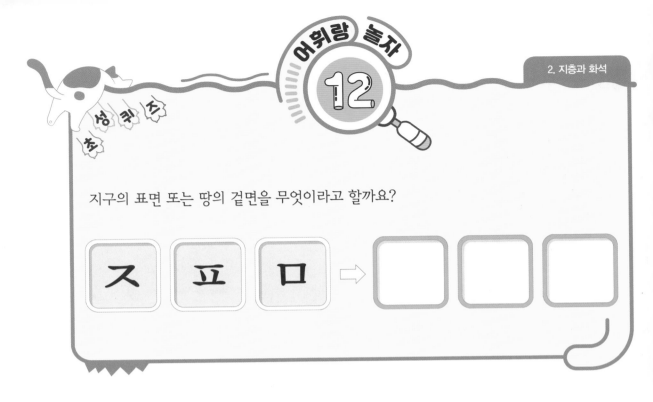

지구의 표면 또는 땅의 겉면을 무엇이라고 할까요?

| ㅈ | ㅍ | ㅁ | ⇨ | | | |

삼행시 완성하기

친구들의 센스를 알아보는 시간이에요. '지표면'을 가지고 재미있고, 의미 있는 삼행시를 완성해 보세요.

지	
표	
면	

사다리 완성하기

다음은 행성의 지표면 사진이에요. 각각의 행성에 맞는 사다리를 만들기 위해 가로줄 하나를 추가하여 사다리를 완성하세요.

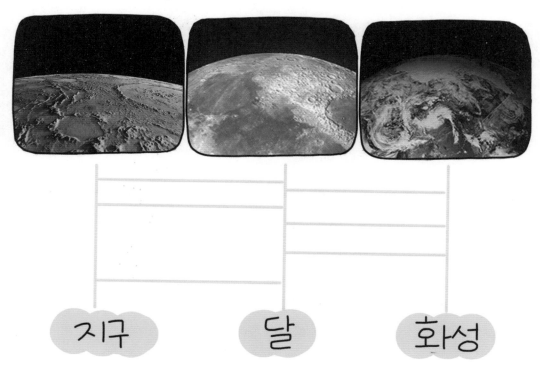

지구   달   화성

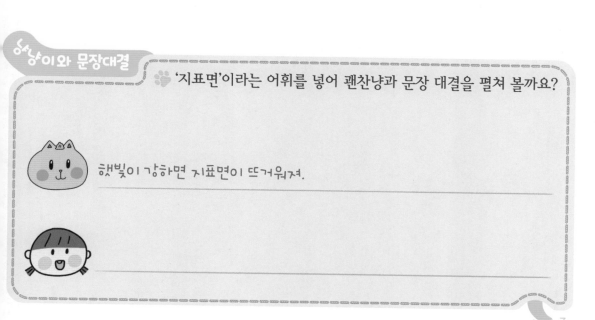

고양이와 문장대결

'지표면'이라는 어휘를 넣어 괜찮냥과 문장 대결을 펼쳐 볼까요?

햇빛이 강하면 지표면이 뜨거워져.

31

여러 층으로 겹겹이 쌓인 모양을 무엇이라고 할까요?

ㅊ　ㅊ　ㅇ → ☐ ☐ ☐

뜻을 더하는 중복 사용 어휘

🐾 '층층이'처럼 같은 글자를 반복하는 어휘를 찾아 쓰세요.

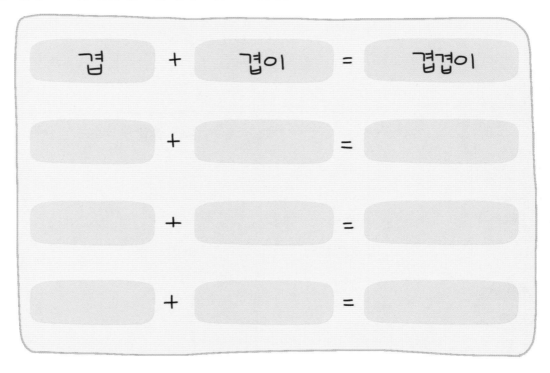

겹	+	겹이	=	겹겹이
	+		=	
	+		=	
	+		=	

어휘의 활용 알기

다음은 예쁘냥이 살고 있는 마을을 설명한 것이에요. '층층이'라는 어휘를 바르게 사용하여 마을을 설명한 것에 ○표 하세요.

(1)		창고에는 안 쓰는 물건이 층층이 쌓여 있다.	( )
(2)		앨범을 크기대로 층층이 쌓았다.	( )
(3)		벽돌을 층층이 쌓아야 무너지지 않는다.	( )
(4)		우리 아파트 계단에는 층층이 소화기가 놓여져 있다.	( )
(5)		높고 낮은 아파트에 층층이 불이 켜지기 시작했다.	( )

알갓냥이와 문장대결

'층층이'라는 어휘를 넣어 알갓냥과 문장 대결을 펼쳐 볼까요?

 나는 창고에 박스를 층층이 쌓아서 정리했어.

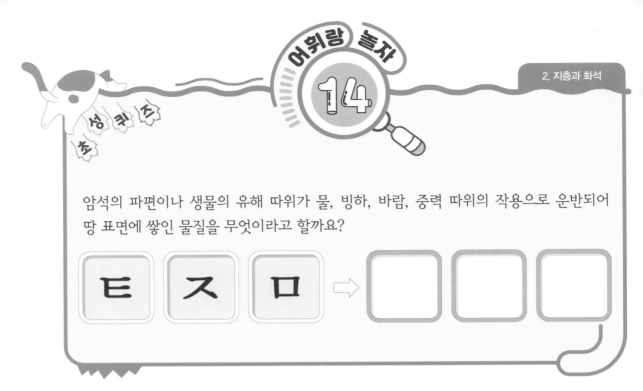

어휘랑 놀자 14

최성퀴즈

암석의 파편이나 생물의 유해 따위가 물, 빙하, 바람, 중력 따위의 작용으로 운반되어 땅 표면에 쌓인 물질을 무엇이라고 할까요?

ㅌ ㅈ ㅁ ⇒ ☐ ☐ ☐

 냥냥이의 금고를 열어라

🐾 알갓냥의 금고를 열기 위해서는 아래에 놓인 카드들 중 퇴적물에 대한 알맞은 설명이 적힌 카드의 숫자 3개를 입력해야 한대요. 친구들이 알갓냥의 소중한 물건이 담긴 금고의 비밀 번호를 찾아 주세요.

2	4	6	8
오랜 기간 암석의 파편이나 생물의 유해 따위가 땅 표면에 쌓인 물질을 퇴적물이라고 한다.	퇴적물을 만드는 데 물, 빙하, 바람 따위가 영향을 끼친다.	생물의 몸체나 흔적 위에 퇴적물이 천천히 쌓여야 화석이 만들어진다.	최근 해양 오염 퇴적물 정화 사업을 통해 깨끗한 해양을 만들기 위해 노력하고 있다.

암호: ☐ ☐ ☐

어휘 퍼즐

다음 글자 판에는 퇴적물을 만드는 데 영향을 끼치는 것 중 다섯 가지가 숨어 있어요. 어떤 어휘가 보이나요?

자	돋	본	관	우	연	바	조
다	동	차	잎	고	암	람	구
호	람	물	변	떡	꼬	사	람
빙	보	쥐	찰	파	본	중	표
해	하	덧	탄	도	투	리	력
달	지	철	성	존	어	석	덕

퇴적물을 만드는 데 영향을 끼치는 것들 : ～～～～～ , ～～～～～ ,

～～～～～ , ～～～～ , ～～～～～

양이와 문장대결

'퇴적물'이라는 어휘를 넣어 어쩌냥과 문장 대결을 펼쳐 볼까요?

하루 평균 30톤에 달하는 오염된 퇴적물을 줄이기 위해 노력해야 해.

어휘랑 놀자

15

초성 퀴즈

생물의 몸 전체나 그 일부에 적당한 처리를 가하여 보존할 수 있게 한 것을 무엇이라고 할까요?

ㅍ ㅂ ⇒ ☐ ☐

공통 어휘 찾기

🐾 제시된 초성을 참고하여 다음에 공통으로 들어갈 어휘를 찾아 쓰세요.

곤충 ㅍ ㅂ 을/를 자세히 관찰한다.

괜찮냥의 착한 행동은 우리 반의 ㅍ ㅂ (으)로 삼을 만하다.

냥냥이들이 고양이들의 ㅍ ㅂ (으)로 뽑혔다.

정답 : ☐ ☐

36

비슷한 말 길 찾기

🐾 길을 따라가며 '표본'과 뜻이 비슷한 어휘를 찾아보세요.

예쁘냥이와 문장대결

🐾 '표본'이라는 어휘를 넣어 예쁘냥과 문장 대결을 펼쳐 볼까요?

 채집한 곤충을 표본으로 만들었어.

지질 시대에 생존한 동식물의 유해와 활동 흔적 따위가 퇴적물 중에 매물된 채로 또는 지상에 그대로 보존되어 남아 있는 것을 통틀어 무엇이라고 할까요?

 스도쿠 완성하기

🐾 스도쿠를 알고 있나요? 규칙을 잘 읽어 보고, 화석으로 스도쿠를 완성해 보세요.

규칙 1. 가로 한 줄에 화석이 한 번씩 들어간다.
2. 세로 한 줄에 화석이 한 번씩 들어간다.
3. 진한 칸(4칸) 안에 서로 다른 화석이 한 번씩 들어간다.

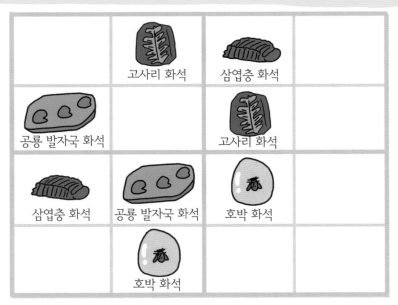

어휘 확장하기

🐾 '화석' 하면 떠오르는 어휘들이 있나요? 화석에 관한 글을 쓴다고 생각하며 생각그물을 완성해 보세요.

난 호박 화석이 좋아. 소나무의 송진은 시간이 지나면 굳어서 단단해지는데, 그 안에 곤충이 있다는 게 정말 신기해.

야냥이와 문장대결

🐾 '화석'이라는 어휘를 넣어 알갓냥과 문장 대결을 펼쳐 볼까요?

 갑자기 내 몸이 화석처럼 굳은 느낌이야.

어휘랑 놀자
17

초성퀴즈

콩과 식물의 씨앗을 싸고 있는 껍질을 무엇이라고 할까요?

ㄲ　ㅌ　ㄹ　⇨　☐　☐　☐

공통 어휘 찾기

🐾 다음 상황에 공통으로 사용되는 어휘를 쓰세요.

☐ ☐ ☐ 을/를 잡다.

알갓냥은 맨날 잘난 척이야.

내가 언제? 꼬투리 잡지 마.

☐ ☐ ☐ 을/를 잡다.

공통 어휘: ☐☐☐

40

과학도 척척, 수학도 척척!

🐾 괜찬냥이 심고 가꾼 콩을 수확하는 날이에요. 괜찬냥이 얻게 된 콩은 모두 몇 개인가요?

(   )

냥이와 문장대결

🐾 '꼬투리'라는 어휘를 넣어 예쁘냥과 문장 대결을 펼쳐 볼까요?

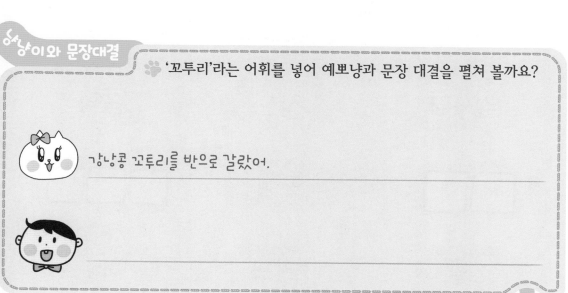

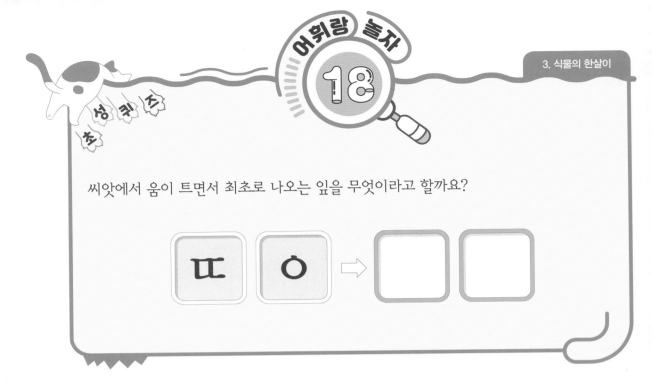

🐾 냥냥이들이 끝말잇기 놀이를 하고 있어요. 중간에 빠진 어휘를 찾아볼까요?

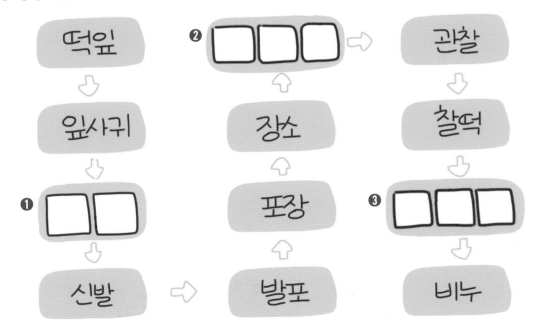

 떡잎을 찾아라 – 부위 찾기

🐾 다음 그림을 보고 각 부분의 이름에 맞는 번호를 쓰세요.

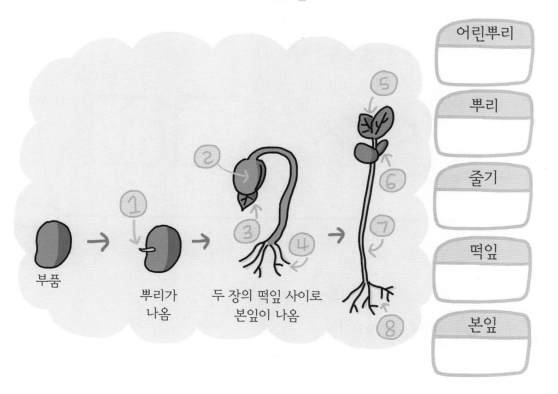

부품 → 뿌리가 나옴 → 두 장의 떡잎 사이로 본잎이 나옴 →

어린뿌리

뿌리

줄기

떡잎

본잎

 **야옹이와 문장대결**

🐾 '떡잎'이라는 어휘를 넣어 머라냥과 문장 대결을 펼쳐 볼까요?

 처음에는 떡잎이 나오더니 금방 콩의 모습이 나타났어.

어휘랑 놀자 19

초성퀴즈

새로 돋아나는 순을 무엇이라고 할까요?

ㅅ ㅅ → ☐ ☐

뜻을 더하는 말 - 새

'새'는 '새로운'의 뜻을 가진 말이에요. '새순'과 같이 '새'가 덧붙여진 말을 더 찾아볼까요?

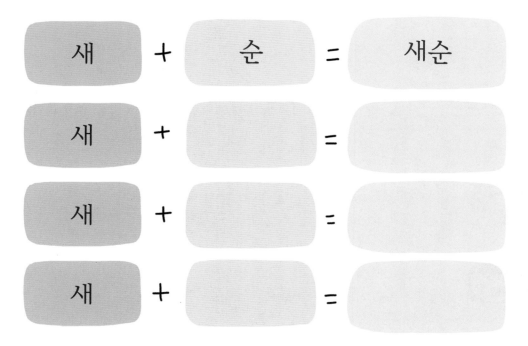

새 + 순 = 새순

새 + ☐ = ☐

새 + ☐ = ☐

새 + ☐ = ☐

벌집 모양 끝말잇기

한 줄 끝말잇기만 하면 심심하잖아요. 앞말도 이어 보고, 끝말도 두 개, 세 개씩 이어 볼까요?

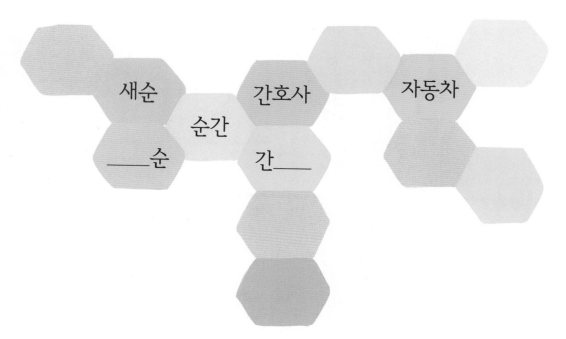

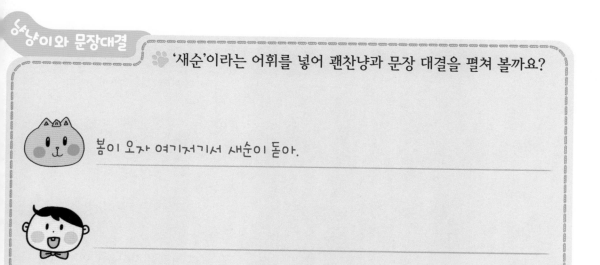

냥이와 문장대결

'새순'이라는 어휘를 넣어 괜찬냥과 문장 대결을 펼쳐 볼까요?

봄이 오자 여기저기서 새순이 돋아.

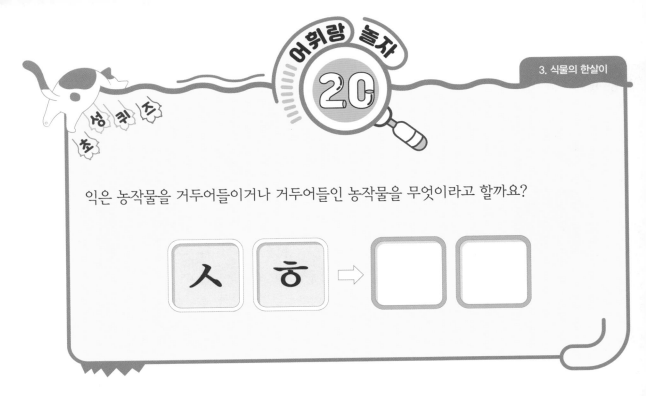

어휘랑 놀자 20

익은 농작물을 거두어들이거나 거두어들인 농작물을 무엇이라고 할까요?

ㅅ ㅎ → ☐ ☐

뜻을 더하는 말 – 수

🐾 '수'는 '거두어들이다'의 뜻을 가진 말이에요. '수확'과 같이 '수'가 덧붙여진 말을 뜻에 맞게 찾아볼까요?

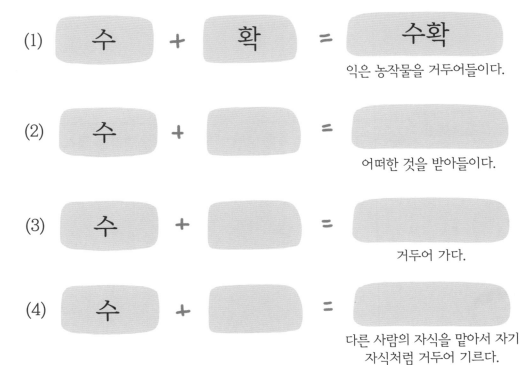

(1) 수 + 확 = **수확**
익은 농작물을 거두어들이다.

(2) 수 + ☐ = ☐
어떠한 것을 받아들이다.

(3) 수 + ☐ = ☐
거두어 가다.

(4) 수 + ☐ = ☐
다른 사람의 자식을 맡아서 자기 자식처럼 거두어 기르다.

다음 사진과 어울리는 문장을 선으로 이어 주고, 문장에 제시된 초성을 참고하여 □ 안에 들어갈 알맞은 어휘를 쓰세요.

●   ●   ●

●   ●   ●

ㅅ ㅎ 은/는
내가 제일 싫어하는
과목이었지만, 지금은
좋아하게 되었다.

□ □

올해 농사지은 감자를
ㅅ ㅎ 하기 위해
할아버지 댁에 갔다.

□ □

ㅅ ㅎ (에)는 새로운
마음으로 더욱 열심히
공부할 것이다.

□ □

어슬렁이와 문장대결

'수확'이라는 어휘를 넣어 어쩌냥과 문장 대결을 펼쳐 볼까요?

 올해 가뭄이 너무 심해서 농작물 수확량이 지난해의 절반이래.

_____

_____

어휘랑 놀자 21

떡잎 뒤에 나오는 잎을 무엇이라고 할까요?

ㅂ ㅇ → ☐ ☐

초성 퀴즈

🐾 주어진 초성을 보고 어휘 만들기 놀이를 하고 있어요. 친구들의 어휘 실력은 얼마나 풍부한지 알아볼까요? 할 수 있는 만큼 빈칸을 채워 보세요.

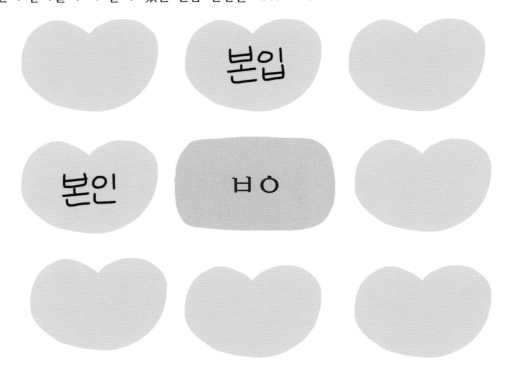

본입

본인

ㅂㅇ

 깜빡한 어휘를 찾아라

🐾 냥냥이들이 이야기를 하다가 깜빡 잊어버린 어휘들이 있어요. 친구들이 문장에 어울리는 어휘를 찾아 줄까요?

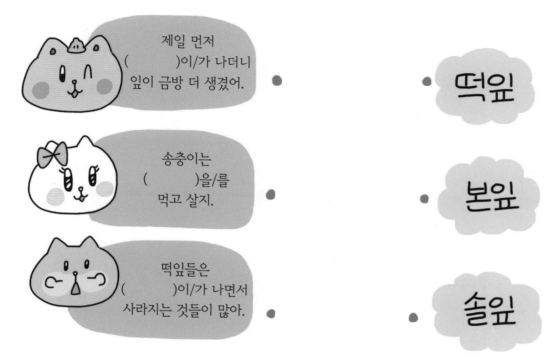

냥냥이와 문장대결

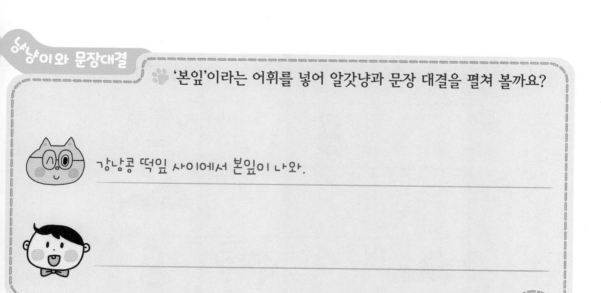

어떤 상태가 시간상으로 무한히 이어지는 것을 무엇이라고 할까요?

스도쿠를 알고 있나요? 규칙을 잘 읽어 보고, 우리가 영구적으로 보존해야 할 것들로 스도쿠를 완성해 보세요.

규칙

1. 가로 한 줄에 영구 보존품이 한 번씩 들어간다.
2. 세로 한 줄에 영구 보존품이 한 번씩 들어간다.
3. 진한 칸(4칸) 안에 서로 다른 영구 보존품이 한 번씩 들어간다.

사행시 완성하기

👣 친구들의 센스를 알아보는 시간이에요. '영구 보존'을 가지고 재미있고, 의미 있는 사행시를 완성해 보세요.

영	
구	
보	
존	

🐾냥이와 문장대결

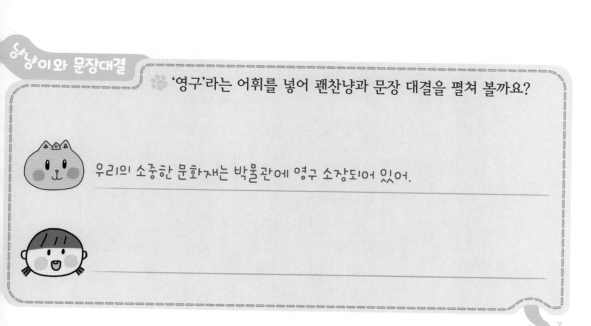

👣 '영구'라는 어휘를 넣어 괜찮냥과 문장 대결을 펼쳐 볼까요?

우리의 소중한 문화재는 박물관에 영구 소장되어 있어.

어휘랑 놀자

23

초성퀴즈

기름의 성질을 무엇이라고 할까요?

ㅇ ㅅ → ☐ ☐

공통으로 들어갈 어휘

🐾 보기 에서 밑줄 친 곳에 공통으로 들어갈 어휘를 찾아 빈칸에 쓰세요.

보기   유성   수성

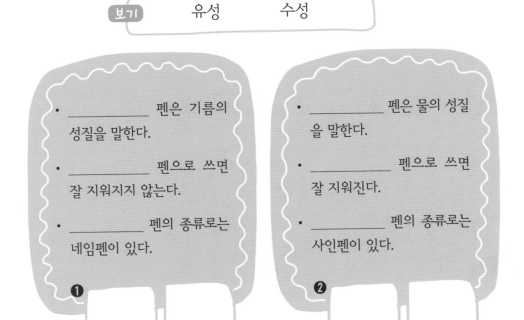

❶
- _____ 펜은 기름의 성질을 말한다.
- _____ 펜으로 쓰면 잘 지워지지 않는다.
- _____ 펜의 종류로는 네임펜이 있다.

❷
- _____ 펜은 물의 성질을 말한다.
- _____ 펜으로 쓰면 잘 지워진다.
- _____ 펜의 종류로는 사인펜이 있다.

맨 끝으로 보내면?

🐾 끝말잇기를 한 단계 높여 볼까요? "학교의 '학'을 맨 끝으로 보내면 수~학" 이 놀이 알고 있나요? 그럼 '유성'의 '유'를 맨 끝으로 보내 볼까요?

야냥이와 문장대결

🐾 '유성'이라는 어휘를 넣어 머라냥과 문장 대결을 펼쳐 볼까요?

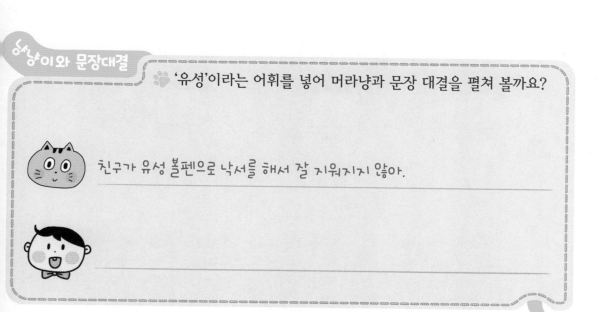

친구가 유성 볼펜으로 낙서를 해서 잘 지워지지 않아.

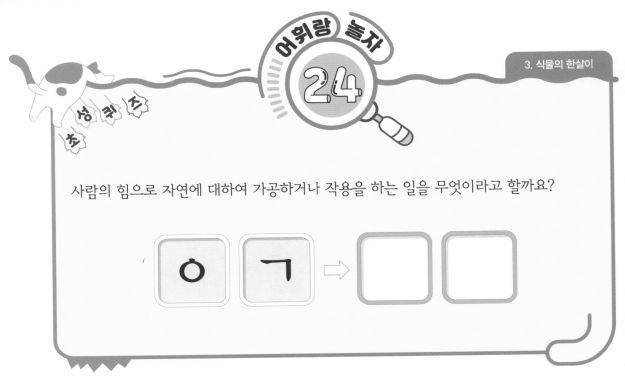

사람의 힘으로 자연에 대하여 가공하거나 작용을 하는 일을 무엇이라고 할까요?

ㅇ ㄱ ⇒ ☐ ☐

사다리 타기

🐾 다음은 '인공'과 합쳐서 만들 수 있는 어휘예요. 만들어진 어휘의 바른 뜻을 선으로 이어 주세요.

인공   인공   인공

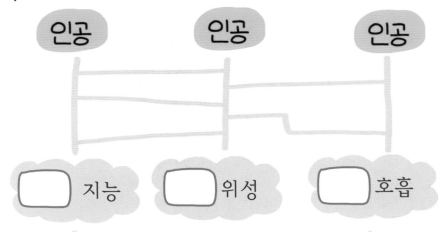

☐ 지능   ☐ 위성   ☐ 호흡

| 지구 따위의 행성 둘레를 돌도록 로켓을 이용하여 쏘아 올린 인공의 장치 | 인간의 지능이 가지는 학습, 추리, 적응, 논증 따위의 기능을 갖춘 컴퓨터 시스템 | 호흡이 정지된 사람이나 호흡 곤란을 겪는 사람에게 인위적으로 폐에 공기를 불어 넣어 호흡할 수 있도록 하는 응급 처치 |

정답 113쪽

어휘 퍼즐

다음 글자 판에는 '인공'과 합쳐서 만든 어휘 다섯 개가 숨어 있어요. 어떤 어휘가 보이나요?

로	봇	바	인	공	수	정	인
화	인	둑	배	인	종	차	벽
잎	장	공	수	인	공	호	흡
사	기	호	위	투	차	지	본
귀	공	잎	꼬	성	곤	석	능
인	떡	본	자	리	충	표	우

내가 찾은
어휘

 예쁜냥이와 문장대결

'인공'이라는 어휘를 넣어 예쁜냥과 문장 대결을 펼쳐 볼까요?

인공 지능(AI) 전문가가 되어서 인간처럼 생각하는 로봇을 만들고 싶어.

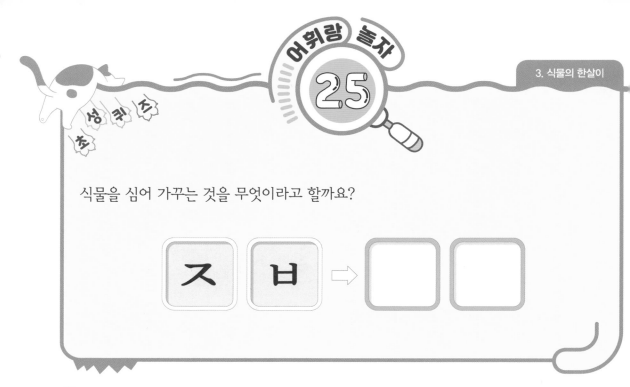

어휘랑 놀자
초성퀴즈
25

식물을 심어 가꾸는 것을 무엇이라고 할까요?

ㅈ ㅂ → ☐ ☐

임무를 수행하라

🐾 냥냥이들이 학교 텃밭에서 식물을 재배하고 있어요. 괜찬냥에게 주어진 임무가 있네요.
어떤 길로 가야 가장 빠르게 임무를 수행하며 오늘의 식물 재배를 완료할 수 있을까요?

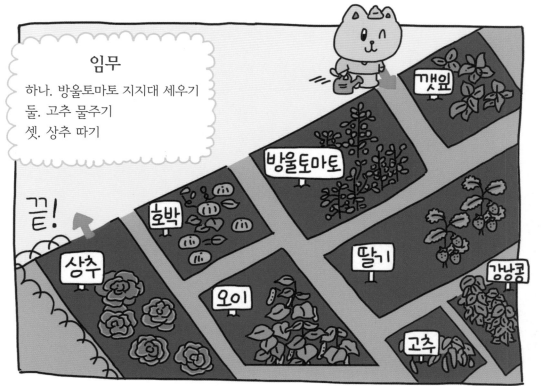

임무
하나. 방울토마토 지지대 세우기
둘. 고추 물주기
셋. 상추 따기

 **자전거를 열어라!**

머라냥의 자전거 자물쇠는 재배에 대한 바른 설명이 적혀 있는 카드의 숫자 4개를 순서대로 입력하면 열린대요. 친구들이 머라냥 자전거 자물쇠의 비밀번호를 찾아 주세요.

1
곡식이나 열매 또는 그 밖의 원료를 얻기 위하여 심어서 가꾸는 식물을 재배 식물이라고 한다.

3
재배란 동물을 심어 가꾸는 것을 말한다.

5
식물뿐 아니라 동물을 재배하는 데도 우리는 최선을 다해야 한다.

7
흙, 햇빛, 물은 식물을 재배하는 데 중요한 요소이다.

9
온실 안에서 재배한 딸기는 온실 바깥에서 재배한 것보다 잘 자라고 열매가 빨리 열린다.

0
식물 공장이 있으면 식물이 자라기 어려운 환경에서도 식물을 재배할 수 있다.

암호 : ☐ ☐ ☐ ☐

 냥이와 문장대결

🐾 '재배'라는 어휘를 넣어 모르냥과 문장 대결을 펼쳐 볼까요?

우리 할머니께서는 텃밭에 상추와 배추를 재배해.

어휘랑 놀자 26

초성 퀴즈

식물에서 나온 씨 또는 씨앗을 무엇이라고 할까요?

| ㅈ | ㅈ | → | | |

비슷한 말 길 찾기

🐾 길을 따라 가며 '종자'와 뜻이 비슷한 어휘를 찾아보세요.

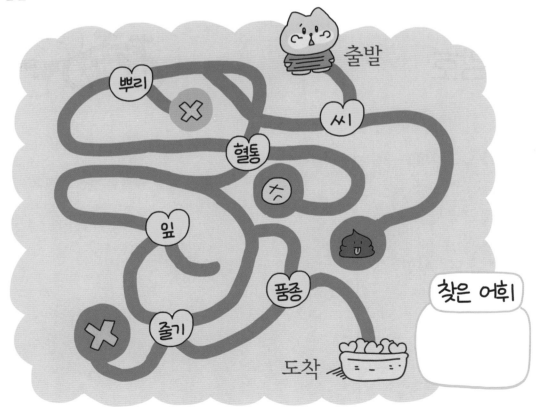

출발

뿌리

씨

열통

잎

품종

줄기

도착

찾은 어휘

깜빡한 어휘 찾기

🐾 설명이 바른 도형의 글자를 모으면 어쩌냥이 깜빡한 어휘를 찾을 수 있어요. 어쩌냥이 깜빡한 어휘는 무엇인가요?

식물에서 나온 씨를 종자라고 한다.
종

식물의 씨를 저장하는 것은 불가능하다.
씨

종자가 좋은 고양이만 가치가 있다.
앗

씨를 보관하는 시설을 종자 저장고라고 한다.
자

아하! 내가 찾는 어휘는 (　　　　)(이)야.

냥이와 문장대결

🐾 '종자'라는 어휘를 넣어 예쁘냥과 문장 대결을 펼쳐 볼까요?

종자가 좋은 벼를 심어야 잘 자라고 밥맛도 좋아.

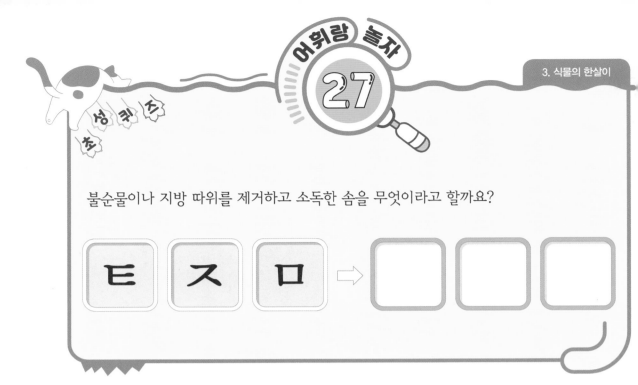

어휘랑 놀자
27

초성퀴즈

불순물이나 지방 따위를 제거하고 소독한 솜을 무엇이라고 할까요?

| ㅌ | ㅈ | ㅁ | ⇒ | | | |

시장에 가면 놀이

🐾 괜찮냥 집에는 약이 담긴 구급약품함이 있어요. 그 속에 있는 것들을 생각하면서 '시장에 가면' 놀이를 완성하세요.

구급약품함에는 탈지면도 있고,

구급약품함에는 탈지면도 있고, (   )도 있고,

구급약품함에는 탈지면도 있고, (   )도 있고, 소독약도 있고,

구급약품함에는 탈지면도 있고, (   )도 있고, 소독약도 있고,
        (   )도 있고,

구급약품함에는 탈지면도 있고, (   )도 있고, 소독약도 있고,
        (   )도 있고, 소화제도 있고,

구급약품함에는 탈지면도 있고, (   )도 있고,
        소독약도 있고, (   )도 있고,
        소화제도 있고, (   )도 있고.

현관문을 열어라!

현관문을 열어라!

🐾 머라냥이 현관 비밀번호의 마지막 숫자를 잊었어요. 친구들이 탈지면에 대한 바른 설명을 찾아 머라냥 집 현관 비밀번호의 마지막 숫자에 색칠해 주세요.

1	탈지면은 소독이 되어 있는 깨끗한 솜이다.
7	물을 적시지 않은 탈지면에 올린 강낭콩에는 싹이 트기 쉽다.
9	탈지면은 가격이 비싸므로 다쳤을 때는 휴지를 사용한다.
0	탈지면은 검은색이다.

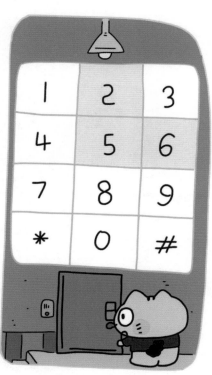

냥이와 문장대결

🐾 '탈지면'이라는 어휘를 넣어 어쩌냥과 문장 대결을 펼쳐 볼까요?

 다쳤을 때는 가장 먼저 탈지면으로 소독을 해야 안전해.

61

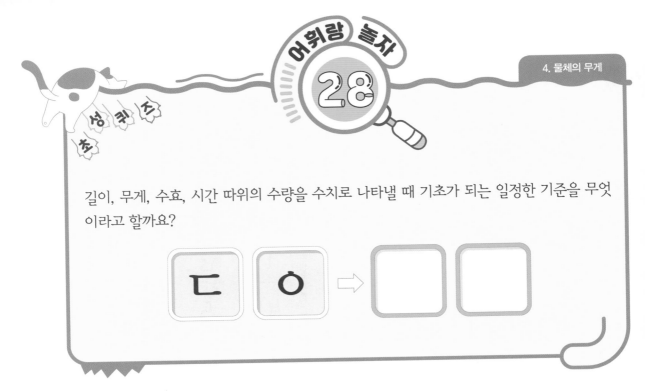

초성퀴즈

어휘랑 놀자 28

길이, 무게, 수효, 시간 따위의 수량을 수치로 나타낼 때 기초가 되는 일정한 기준을 무엇이라고 할까요?

ㄷ   ㅇ   →   ☐   ☐

보물찾기

냥냥이 친구들이 보물찾기를 하고 있어요. 단위를 바르게 사용한 쪽지를 찾으면 선물을 받을 수 있대요. 선물을 받을 수 있는 냥냥이에게 ○표 하세요.

무게는 cm², m², km²로 나타낸다.

길이는 cm, m, km로 나타낸다.

우리나라는 신발 크기를 인치(inch)로 나타낸다.

 **첫말잇기**

🐾 끝말잇기 말고 첫말잇기 한번 해 볼까요?

단위

 야옹이와 문장대결

🐾 '단위'라는 어휘를 넣어 알갓냥과 문장 대결을 펼쳐 볼까요?

미국 신발은 발의 크기를 나타내는 단위가 우리와 달라.

어휘랑 놀자

29

물체를 떠받치는 지렛대를 괸 고정된 점을 무엇이라고 할까요?

| ㅂ | ㅊ | ㅈ | ⇒ | | | |

 어울리는 서술어 찾기

🐾 다음 빈칸에 어울리는 서술어를 찾아 선으로 이어 주세요.

(1) 우산을 ( ).

(2) 머리에 세게 ( ).

ㄱ 받치다

(3) 버팀대를 ( ).

ㄴ 받히다

(4) 뿔에 ( ).

역할 알기

다음은 연필을 잡는 바른 방법이에요. 연필을 잡은 손 모양을 보고, 각 부분이 어떤 역할을 하는지 알아보세요.

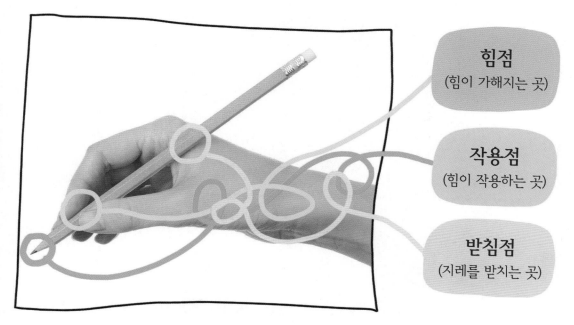

힘점
(힘이 가해지는 곳)

작용점
(힘이 작용하는 곳)

받침점
(지레를 받치는 곳)

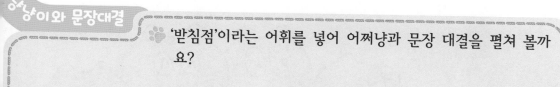

'받침점'이라는 어휘를 넣어 어쩌냥과 문장 대결을 펼쳐 볼까요?

 받침점이 같은 거리에 무게가 같은 물체를 놓으면 수평이 돼.

어휘랑 놀자 30

초성퀴즈

일정하게 한정된 영역을 무엇이라고 할까요?

ㅂ ㅇ → ☐ ☐

과학도 척척, 수학도 척척!

다음 주에 냥냥이들의 과학 수행평가가 있어요. 머라냥이 공부하는 데 필요한 시간을 계산
해 주세요.

나는 열 쪽
공부하는 데
30분이 걸리더라.

나는 알갓냥보다
시간이 더 걸리니,
열 쪽 공부에
45분이 걸리겠어.

그렇다면 머라냥이
수행평가 범위를 공부
하는 데 (   )분이
필요하겠구나.

20쪽부터
40쪽까지야.

교과서
페이지로는
어떻게 돼?

다음 주 월요일에
과학 2, 3단원
수행평가래.

정답 115쪽

좌표를 읽어라

좌표를 따라가면 원하는 글자를 찾을 수 있어요. 주어진 좌표를 읽고 냥냥이들이 찾는
어휘를 찾아 쓰세요.

좌표(가, 3)은 '운'을
나타내요.

	가	나	다	라	마
1	저	제	발	인	쇄
2	울	역	정	단	문
3	운	위	놀	급	타
4	어	쩌	냥	책	운
5	달	거	범	관	안

① 일정하게 한정된 영역을 나타내는 어휘는 좌표 (다, 5) (나, 3)
이다.

② 길이, 무게, 시간 따위의 수량을 수치로 나타낼 때 기초가 되는
일정한 기준은 좌표 (라, 2) (나, 3)이다.

냥냥이와 문장대결

'범위'라는 어휘를 넣어 모르냥과 문장 대결을 펼쳐 볼까요?

과학 시험 범위가 넓어서 공부하는 데 시간이 많이 걸려.

어휘랑 놀자 31

초성퀴즈

무게를 달 때 무게의 표준이 되는 추를 무엇이라고 할까요?

ㅂ ㄷ →

보물찾기

🐾 괜찬냥이 보물을 찾아가고 있어요. 안내된 방위를 따라 괜찬냥의 보물을 함께 찾아 주세요. 괜찬냥이 찾은 보물은 무엇인가요?

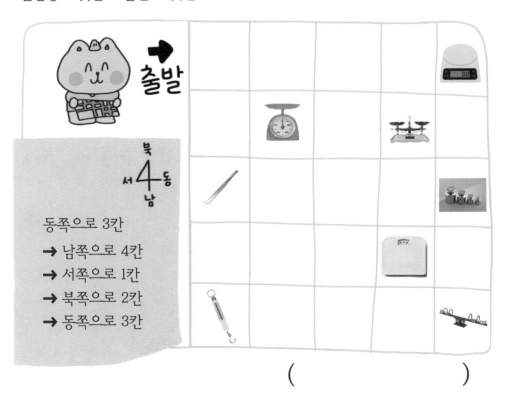

동쪽으로 3칸
→ 남쪽으로 4칸
→ 서쪽으로 1칸
→ 북쪽으로 2칸
→ 동쪽으로 3칸

( )

어휘를 활용한 짧은 글쓰기

🐾 냥냥이들이 들고 있는 어휘들을 활용하여 짧은 글을 써 볼까요? 주어진 어휘 중 3개 이상
을 활용하여 짧은 글을 써 보세요.

냥냥이와 문장대결

🐾 '분동'이라는 어휘를 넣어 알갓냥과 문장 대결을 펼쳐 볼까요?

분동 하나를 더 올려놓으니 저울이 수평이 되었어.

69

어휘랑 놀자
32
초성퀴즈

기울지 않고 평평한 상태를 무엇이라고 할까요?

ㅅ ㅍ ⇒ ☐ ☐

 알맞게 사용한 냥냥이는?

🐾 다음 중 '수평'과 '수직'을 바르게 사용한 냥냥이는 몇 마리인가요?

기울지 않고
평평한 상태를
수직이라고 해.

기울지 않고
평평한 상태를
수평이라고 해.

양팔저울은
수평 잡기를 이용한
저울이야.

똑바로
드리워진 상태를
수직이라고 해.

바다 사진을
잘 찍으려면 수직을
맞추어야 해.

(   )

매니큐어 색칠하기

🐾 어쩌냥이 손톱에 매니큐어를 칠하고 있어요. '수평'과 관련 있는 것은 '노란색', '수직'과 관련 있는 것은 '분홍색'으로 칠하세요.

냥이와 문장대결

🐾 '수평'이라는 어휘를 넣어 예쁘냥과 문장 대결을 펼쳐 볼까요?

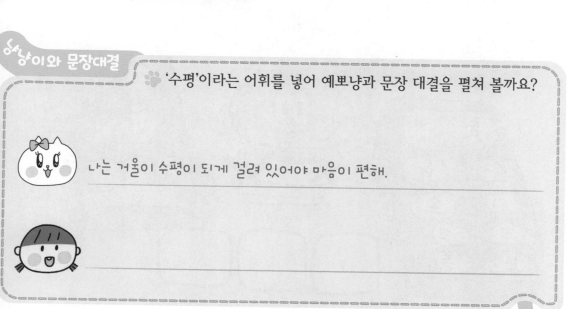

나는 거울이 수평이 되게 걸려 있어야 마음이 편해.

어휘랑 놀자

33

늘고 주는 탄력이 있는 나선형으로 된 쇠줄을 무엇이라고 할까요?

ㅇ | ㅅ | ㅊ ⇒ ☐ ☐ ☐

글자 조합

🐾 빵을 좋아하는 어쩌냥이 제과점에 갔어요. '늘고 주는 탄력이 있는 나선형으로 된 쇠줄'을 뜻하는 어휘를 만들 수 있는 글자 빵을, 각 구역에서 하나씩 찾으세요.

숨은그림찾기

🐾 우리가 일상생활에서 사용하는 저울은 크게 용수철을 이용한 것과 수평 잡기의 원리를 이용한 것으로 분류할 수 있어요. 다음 중 용수철을 이용한 저울을 사용하고 있는 냥냥이를 찾아 ○표 하세요.

냥냥이와 문장대결

🐾 '용수철'이라는 어휘를 넣어 괜찬냥과 문장 대결을 펼쳐 볼까요?

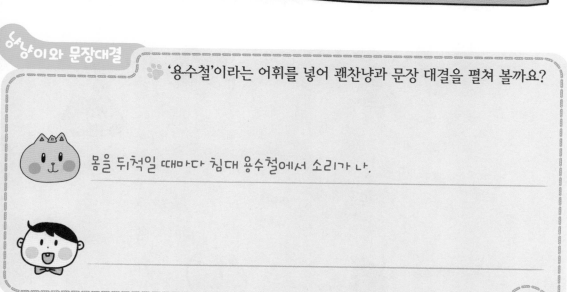

몸을 뒤척일 때마다 침대 용수철에서 소리가 나.

어휘랑 놀자
34

성 퀴 초 즈

지구 위의 물체가 지구로부터 받는 힘을 무엇이라고 할까요?

ㅈ ㄹ ⇒ ☐ ☐

🔔 길 찾기

🐾 갈림길에 있는 ○, × 문제를 풀면서 알갓냥이 괜찮냥의 집을 잘 찾아갈 수 있도록 도와
주세요.

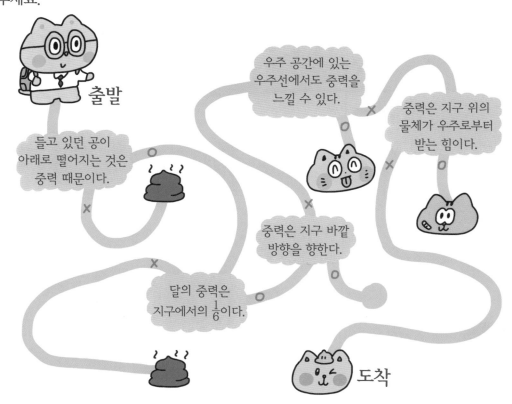

출발

들고 있던 공이
아래로 떨어지는 것은
중력 때문이다.

우주 공간에 있는
우주선에서도 중력을
느낄 수 있다.

중력은 지구 위의
물체가 우주로부터
받는 힘이다.

중력은 지구 바깥
방향을 향한다.

달의 중력은
지구에서의 $\frac{1}{6}$이다.

도착

74

정답 115쪽

글자 조합

사과를 좋아하는 예쁘냥이 사과를 따고 있어요. '지구 위의 물체가 지구로부터 받는 힘'을 뜻하는 어휘를 만들 수 있는 글자 사과만 빨간색으로 색칠하고, 바구니에 찾은 어휘를 써 주세요.

냥이와 문장대결

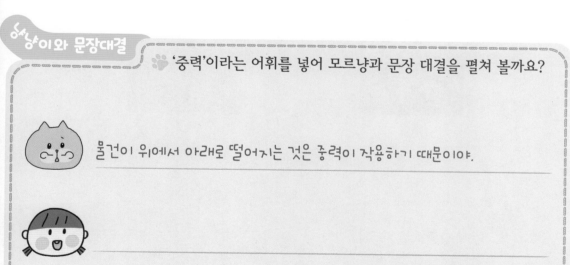

'중력'이라는 어휘를 넣어 모르냥과 문장 대결을 펼쳐 볼까요?

물건이 위에서 아래로 떨어지는 것은 중력이 작용하기 때문이야.

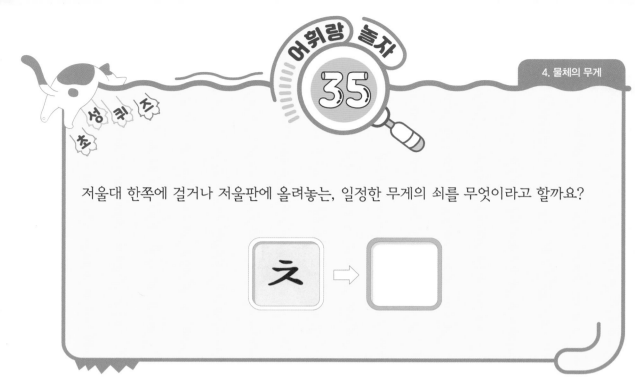

초성퀴즈

저울대 한쪽에 걸거나 저울판에 올려놓는, 일정한 무게의 쇠를 무엇이라고 할까요?

ㅊ ⇒ [ ]

분동과 추 구별하기

🐾 분동과 추를 구별할 수 있나요? 분동과 추를 바르게 찾고, 그에 대한 설명을 바르게 선으로 이어 주세요.

(1) 분동   (2) 추

저울대 한쪽에 걸거나 저울판에 올려놓는, 일정한 무게의 쇠

천평칭이나 대저울 따위로 무게를 달 때, 무게의 표준이 되는 추

🐾 괜찬냥이 휴대 전화번호를 알려 주면서 뒷자리 3자리를 알아맞혀 보래요. 괜찬냥의 전화 번호 뒷자리 3자리는 추에 관련된 바른 설명이 적혀 있는 숫자래요. 문제를 풀고 전화번호 를 찾아 완성해 주세요.

괜찬냥
010 -9876-5 ☐ ☐ ☐

4 용수철에 무게가 같은 추를 한 개씩 더 걸면 용수철의 길이가 일정하게 늘어난다.

3 '추'는 끈에 매달려 아래로 늘어진 물건을 통틀어 이르는 말이다.

2 추는 한 가지 크기만 있어서 무게를 잴 때 어려움이 많다.

1 일정한 무게의 쇠로써 저울판에 올려놓거나 걸을 수 있는 것을 '추'라고 한다.

예쁜냥이와 문장대결

🐾 '추'라는 어휘를 넣어 예쁜냥과 문장 대결을 펼쳐 볼까요?

 너무 조용해서 시계추 움직이는 소리만 들려.

어떤 물질에 열을 가하는 것을 무엇이라고 할까요?

ㄱ　ㅇ ⇒ ☐ ☐

뜻을 더하는 말

🐾 다음 만화에 사용된 '설상가상'에서 '더하다'라는 뜻을 가진 한자어에 ○표 하세요.

숫자 퍼즐

🐾 주어진 숫자에 알맞은 색을 칠하여 숨어 있는 어휘를 찾아볼까요?

3	3	3	3	3	3	3	3	3	3	3	3	3	3	3	3
3	3	3	3	3	3	3	3	3	3	3	3	3	3	2	3
3	3	3	3	3	3	1	3	3	3	2	2	3	3	2	3
3	3	3	3	3	3	1	3	3	2	3	2	2	2	2	3
3	1	1	1	1	3	1	3	3	2	3	2	3	3	2	3
3	3	3	3	1	3	1	3	3	3	2	2	3	2	2	3
3	3	3	3	1	3	1	3	3	3	3	3	3	3	2	3
3	3	3	3	1	3	1	1	3	3	3	3	3	3	3	3
3	3	3	1	3	3	3	3	2	2	2	2	2	2	2	3
3	3	1	3	3	3	1	3	3	3	3	3	3	2	3	3
3	1	3	3	3	3	1	3	3	2	2	2	2	2	2	3
3	3	3	3	3	3	1	3	3	2	3	3	3	3	3	3
3	3	3	3	3	3	1	3	3	2	2	2	2	2	2	3
3	3	3	3	3	3	3	3	3	3	3	3	3	3	3	3

1: 초록	2: 파랑	3: 노랑

(   )

냥이와 문장대결

🐾 '가열'이라는 어휘를 넣어 알갓냥과 문장 대결을 펼쳐 볼까요?

물을 가열하여 그릇을 소독했어.

어휘랑 놀자 37

병 따위에 꽂아 놓고 액체를 붓는 데 쓰는 나팔 모양의 기구를 무엇이라고 할까요?

ㄲ ㄸ ㄱ ⇒ ☐ ☐ ☐

끝말잇기

🐾 냥냥이들이 끝말잇기 게임을 하고 있어요. 함께 끝말잇기 한번 해 볼까요?

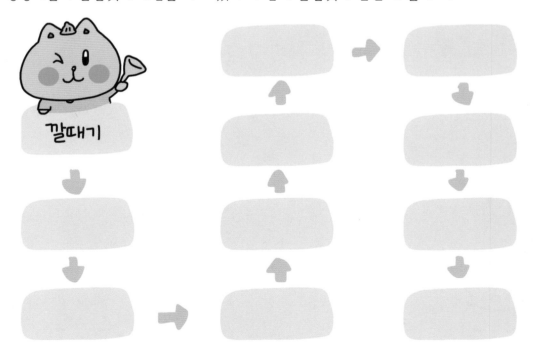

깔때기

정답 116쪽

십자말풀이

🐾 냥냥이들이 낸 문제를 풀어 십자말풀이의 빈칸을 채워볼까요?

가로 열쇠	세로 열쇠
❶ 병 따위에 꽂아 놓고 액체를 붓는 데 쓰는 나팔 모양의 기구 ❸ 거품이 남 ❺ 불순물이나 지방 따위를 제거하고 소독한 솜 ❼ 길이, 무게, 수효, 시간 따위의 수량을 수치로 나타낼 때 기초가 되는 일정한 기준	❷ 물질이 나타내는 상태의 하나로, 일정한 모양과 부피를 갖지 않고 용기를 채우려는 성질이 있음(예 고체, 액체, ○○) ❸ 땅속이나 큰 덩치의 흙, 돌 더미 따위에 묻혀 있는 것을 찾아서 파냄 ❹ 비스듬히 기울어진 면 ❻ 일정하게 한정된 영역 ❼ 물체의 잘라 낸 면

냥냥이와 문장대결

🐾 '깔때기'라는 어휘를 넣어 머라냥과 문장 대결을 펼쳐 볼까요?

 과학실에는 실린더, 비커, 깔때기 따위의 실험 도구가 있어.

어휘랑 놀자
38

초성 퀴즈

찌꺼기나 건더기가 있는 액체를 체 따위에 밭치어 찌꺼기를 걸러 내는 그물을 무엇이라고 할까요?

ㄱ ㄹ ㅁ ⇨ ☐ ☐ ☐

 선으로 연결하기

🐾 다음은 냥냥이들이 생활 속에서 사용하는 망이에요. 망의 종류에 맞게 선으로 이어 주세요.

(1) 거름망 •

(2) 양파망 •

(3) 포위망 •

(4) 그물망 •

• 찌꺼기나 건더기가 있는 액체를 체 따위에 밭치어 찌꺼기를 걸러 내는 그물

• 그물코 같은 구멍이 있는 망

• 양파를 넣을 수 있도록 합성수지를 이용하여 만든 그물망

• 빈틈없이 둘레를 에워싼 체계

초성 퀴즈

🐾 다음 사진과 같은 물건들의 공통점은 무엇인가요?

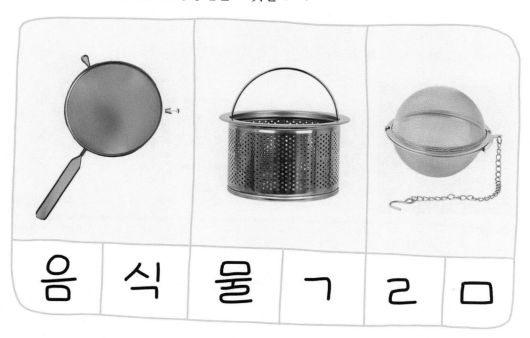

| 음 | 식 | 물 | ㄱ | ㄹ | ㅁ |

야옹이와 문장대결

🐾 '거름망'이라는 어휘를 넣어 예쁘냥과 문장 대결을 펼쳐 볼까요?

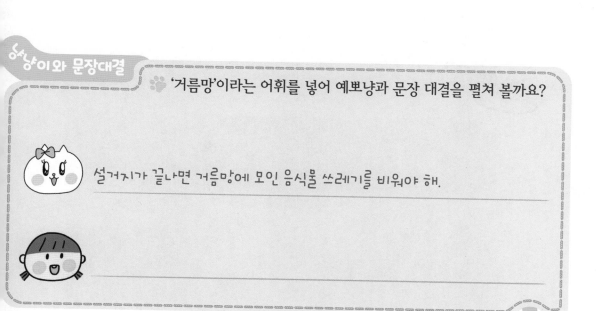

설거지가 끝나면 거름망에 모인 음식물 쓰레기를 비워야 해.

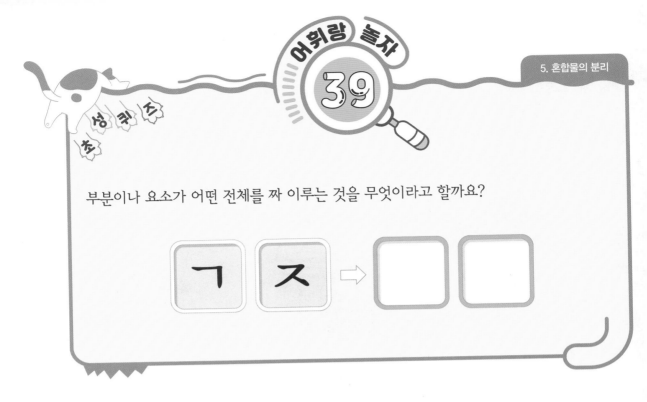

어휘랑 놀자 39

부분이나 요소가 어떤 전체를 짜 이루는 것을 무엇이라고 할까요?

ㄱ ㅈ ⇒ ☐ ☐

맨 끝으로 보내면?

🐾 끝말잇기를 한 단계 높여 볼까요? "학교의 '학'을 맨 끝으로 보내면 수~학" 이 놀이 알고 있나요? 그럼 알갓냥과 함께 해봐요.

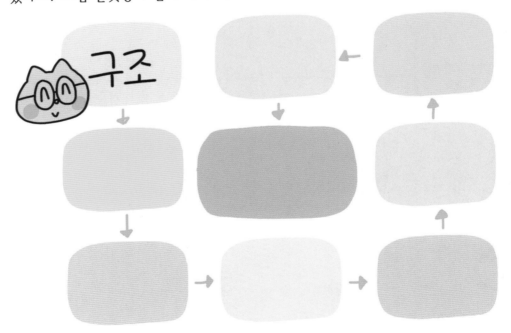

자전거의 구조를 알아내라

🐾 자전거를 자세히 살펴본 적이 있나요? 자전거의 구조를 알아보고, 자전거 각 부분에 대한 설명에 맞게 선으로 이어 주세요.

페달 　　　 안장 　　　 바퀴

사람이 앉는 부분 　　　 둥글게 생겨서 굴러가는 부분 　　　 발로 밟아서 회전시키는 부분

냥이와 문장대결

🐾 '구조'라는 어휘를 넣어 어쩌냥과 문장 대결을 펼쳐 볼까요?

안전교육 시간에 자전거의 구조에 대해 배웠어.

"리 리 리 자로 끝나는 말은, 개나리 보따리 대사리 소쿠리 유리 항아리~" 우리 친구들은 '미' 자로 끝나는 말을 찾아볼까요?

나라 간 발음이 비슷한 어휘

우리나라에도 '더미'라는 어휘가 있는데, 미국에도 '더미'라는 어휘가 있대요. 발음이 비슷한 '더미'의 뜻을 알아보세요.

한국	미국
더미	dummy(더미)

냥이와 문장대결 '더미'라는 어휘를 넣어 괜찮냥과 문장 대결을 펼쳐 볼까요?

 쓰레기 더미를 뒤져 잃어버린 돈을 찾았어.

어휘랑 놀자
41

미생물이 유기물을 분해하는 과정 또는 결과물을 무엇이라고 할까요? 이러한 과정이 해로움을 주면 부패로 구분해요.

ㅂ ㅎ ⇨ ☐ ☐

어휘 찾기

🐾 다음 보기 에서 ☐ 안에 들어갈 알맞은 어휘를 찾아 쓰세요.

보기

번호   발효   방학

	밀가루를 주원료로 하여 소금, 설탕, 버터, 효모 따위를 섞어 반죽하여 ㅂ ㅎ 한 뒤에 불에 굽거나 찐 음식을 빵이라고 한다.	☐ ☐
	내가 가장 기다리는 시간은 여름 ㅂ ㅎ (이)다.	☐ ☐
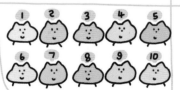	4학년 나의 반 ㅂ ㅎ 은/는 10번이다.	☐ ☐

사다리 타기

🐾 냥냥이들이 좋아하는 발효 음식은 무엇일까요? 사다리를 타고 내려가서 도착한 곳의 사진을 보고, 알맞은 음식의 이름을 쓰세요.

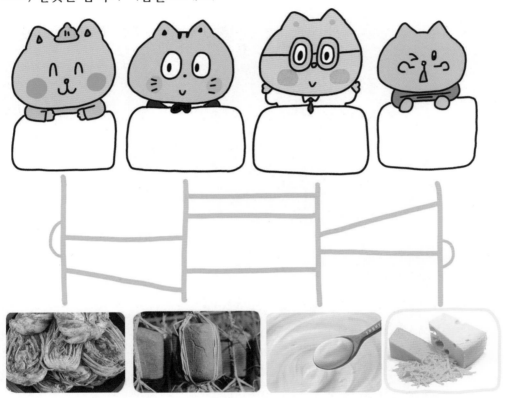

냥냥이와 문장대결

🐾 '발효'라는 어휘를 넣어 예쁘냥과 문장 대결을 펼쳐 볼까요?

 내가 가장 좋아하는 발효 음식 1위는 김치야.

89

어휘랑 놀자 42

물체의 색깔이 나타나도록 해 주는 성분을 무엇이라고 할까요?

ㅅ ㅅ ⇨ ☐ ☐

난 무엇일까요?

🐾 냥냥이들이 '난 무엇일까요?' 놀이를 하고 있어요. 알갓냥이 설명하는 사탕에 들어 있는 것은 무엇인지 맞혀 보세요.

난 무엇일까요?

① 색소의 일종이다.

② 빵, 잼, 떡, 사탕, 아이스크림 따위에 사용된다.

③ 몸 안에 축적되면 독성 물질이 되고 전두엽을 손상시킬 수 있으므로 식품 구성표에서 확인해 보고 먹어야 한다.

정답 타 ㄹ ㅅ ㅅ

깜빡한 어휘 찾기

🐾 색소에 대한 바른 설명을 찾아볼까요? 설명이 바른 도형의 글자를 모으면 괜찮냥이 깜빡한 어휘를 찾을 수 있어요.

멜라닌 색소는 붉은색을 띤다.

구

식용 색소는 먹을 수 있는 색소를 말한다.

소

물체의 색깔이 나타나도록 해 주는 성분을 색소라고 한다.

색

색소는 모두 몸에 이롭다.

조

아하! 내가 찾는 어휘는 (　　　　　　)(이)야.

냥이와 문장대결

🐾 '색소'라는 어휘를 넣어 머라냥과 문장 대결을 펼쳐 볼까요?

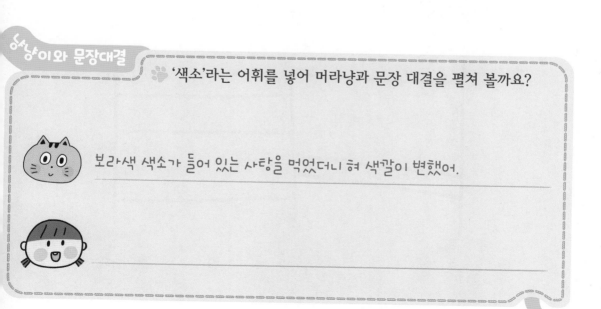

보라색 색소가 들어 있는 사탕을 먹었더니 혀 색깔이 변했어.

먹을 것으로 쓰거나 그런 물건을 무엇이라고 할까요?

ㅅ ㅇ ⇒ ☐ ☐

사다리 완성하기

다음은 '사용'을 뜻하는 '용' 자가 들어간 어휘예요. 각각의 물체에 맞는 사다리를 만들기 위해 가로줄 하나를 추가하여 사다리를 완성하세요.

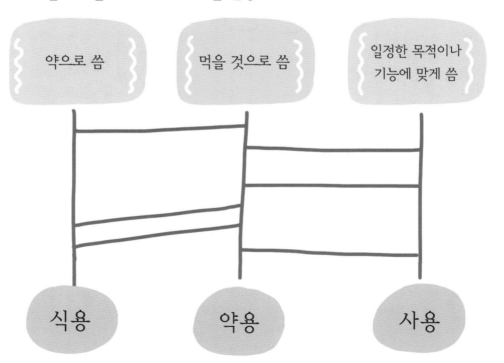

약으로 씀

먹을 것으로 씀

일정한 목적이나 기능에 맞게 씀

식용   약용   사용

어휘를 활용한 짧은 글쓰기

🐾 냥냥이들이 들고 있는 어휘들을 활용하여 짧은 글을 써 볼까요? 주어진 어휘 중 3개 이상
을 활용하여 짧은 글을 써 보세요.

냥냥이와 문장대결

🐾 '식용'이라는 어휘를 넣어 모르냥과 문장 대결을 펼쳐 볼까요?

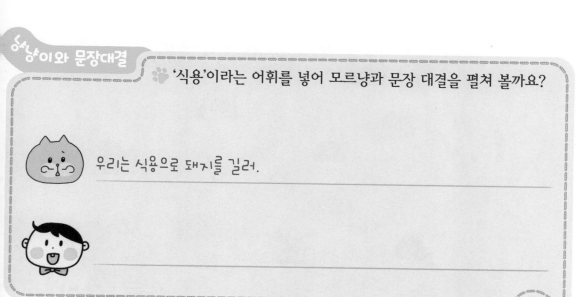

우리는 식용으로 돼지를 길러.

어휘랑 놀자

초성 퀴즈

소금을 만들기 위하여 바닷물을 끌어들여 논처럼 만든 곳을 무엇이라고 할까요?

| ㅇ | ㅈ | ⇒ | | |

길 찾기

🐾 염전에서 소금을 얻기 위해 필요한 것들을 따라가며 미로를 풀어 보세요.

도착

모래　　색소　　햇빛

바람

비

민물

바닷물

출발

어휘 퍼즐

🐾 다음 글자 판에는 우리나라에서 유명한 염전 3곳과 냥냥이 3마리의 이름이 숨어 있어요.
보기 에 있는 염전과 냥냥이를 찾아 색칠하세요.

전	유	채	꽃	신	안	염	전
염	냥	찬	괜	자	영	화	관
소	라	동	주	염	전	원	냥
곰	떼	소	놀	이	공	바	뽀
드	레	스	머	라	냥	직	예
용	달	도	서	관	하	지	만

보기
염전 지명

신안염전
동주염전
곰소염전

보기
냥냥이

괜찬냥
예뽀냥
머라냥

냥냥이와 문장대결

🐾 '염전'이라는 어휘를 넣어 머라냥과 문장 대결을 펼쳐 볼까요?

 그 염전의 소금은 맛이 좋기로 유명해.

_____

_____

어휘랑 놀자 45

시각, 청각, 후각, 미각, 촉각의 다섯 가지 감각을 무엇이라고 할까요?

 깜빡한 어휘를 찾아라

🐾 냥냥이들이 이야기를 하다가 깜빡 잊어버린 어휘들이 있어요. 친구들이 오감에 맞는 어휘를 찾아 줄까요?

나는 (　　　)이/가 좋아서 멀리 있는 새도 볼 수 있어.

• 촉각

내 별명은 개코야. 냄새를 잘 맡고 (　　　)이/가 발달했지.

• 후각

나는 (　　　)이/가 예민해. 그래서 까칠까칠한 옷은 싫어.

• 시각

틀린 그림 찾기

👣 친구들의 오감 중 시각이 얼마나 발달했는지 알아볼까요? 왼쪽과 오른쪽 그림에서 달라진 것을 3개 찾아 ○표 하세요.

예쁘냥이와 문장대결

👣 '오감'이라는 어휘를 넣어 예쁘냥과 문장 대결을 펼쳐 볼까요?

 나는 오감 중에서 특히 후각이 발달했어.

 어떤 물건을 만드는 데 들어가는 재료를 무엇이라고 할까요?

| ㅇ | ㄹ | ⇒ | | |

🐾 어쩌냥 집 근처에는 김밥 가게가 있어요. 그 김밥 가게의 김밥에 들어간 재료들을 생각하면서 '시장에 가면' 놀이를 완성해 보세요.

김밥 원료에는 밥도 있고,

김밥 원료에는 밥도 있고, (   )도 있고,

김밥 원료에는 밥도 있고, (   )도 있고,
　　　단무지도 있고,

김밥 원료에는 밥도 있고, (   )도 있고,
　　　단무지도 있고, (   )도 있고,

김밥 원료에는 밥도 있고, (   )도 있고, 단무지도 있고,
　　　(   )도 있고, 시금치도 있고,

김밥 원료에는 밥도 있고, (   )도 있고,
　　　단무지도 있고, (   )도 있고,
　　　시금치도 있고, (   )도 있고.

주인공 찾기

🐾 냥냥이 친구들이 연극을 하기로 했는데 모두 주인공을 하고 싶어 해요. 그래서 '어떤 물건
을 만드는 데 들어가는 재료'란 뜻을 가진 어휘를 뽑은 냥냥이가 주인공을 하기로 했어요.
이번 연극에서 주인공을 맡은 냥냥이에게 ○표 하세요.

사료

재료

원료

자료

냥냥이와 문장대결

🐾 '원료'라는 어휘를 넣어 알갓냥과 문장 대결을 펼쳐 볼까요?

콩은 두부, 콩나물, 콩기름 따위의 원료야.

어떤 물질이 액체 상태에서 기체 상태로 변하거나 변하는 현상을 무엇이라고 할까요?

ㅈ ㅂ ⇒ ☐ ☐

첫말잇기

🐾 끝말잇기 말고 첫말잇기 한번 해 볼까요?

개념 이해하기

🐾 다음의 설명이 맞으면 '맞다'에, 틀리면 '틀리다'에 ∨표 하세요.

어떤 물질이 액체 상태에서 기체 상태로 변하는 현상을 '증발'이라고 한다.

☐ 맞다 ☐ 틀리다

사람이나 물건이 갑자기 사라져 행방을 알지 못하게 되는 것을 '증발하다'라고 말한다.

☐ 맞다 ☐ 틀리다

유리창에 입김을 불면 뿌옇게 되는 것은 증발 때문이다.

☐ 맞다 ☐ 틀리다

하늘로 증발한 물은 바로 비가 되어 내린다.

☐ 맞다 ☐ 틀리다

 냥이와 문장대결

🐾 '증발'이라는 어휘를 넣어 괜찮냥과 문장 대결을 펼쳐 볼까요?

하늘로 증발한 물은 구름이 되어 비로 내려.

_____

_____

어휘랑 놀자 48
초성퀴즈

가루를 곱게 치거나 액체를 받거나 거르는 데 쓰는 기구를 무엇이라고 할까요?

ㅊ → ☐

 휴대 전화번호 뒷자리 알아맞히기

모르냥이 휴대 전화번호를 알려 주면서 뒷자리 2자리를 알아맞혀 보래요. 모르냥의 전화
번호 뒷자리는 다음의 방법으로 체를 사용했을 때 먼저 분리되는 물질에 적혀 있는 번호
순이에요. 문제를 풀고 전화번호를 찾아 완성해 주세요.

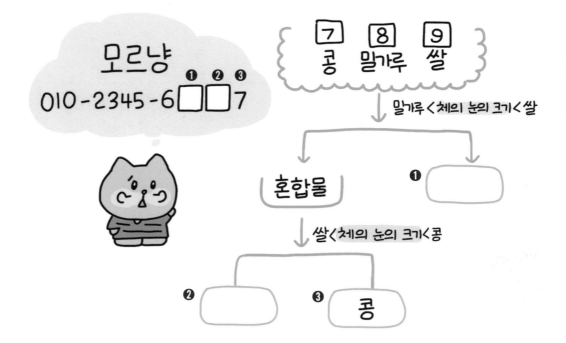

모르냥
010-2345-6☐☐7
❶ ❷ ❸

7 8 9
콩 말가루 쌀

말가루 < 체의 눈의 크기 < 쌀

혼합물   ❶ ☐

쌀 < 체의 눈의 크기 < 콩

❷ ☐   ❸ 콩

102

 선으로 연결하기

다음은 우리 조상들이 혼합물을 분리하기 위해 사용했던 도구예요. 도구의 이름과 설명, 사진에 맞게 선으로 이어 주세요.

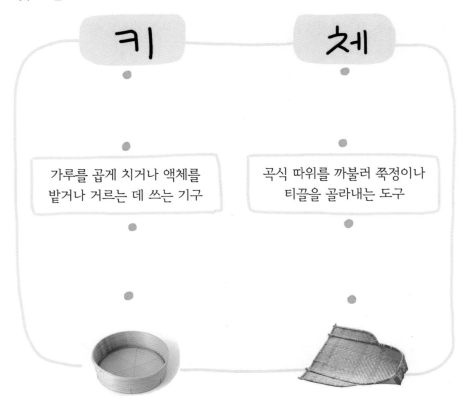

키

체

가루를 곱게 치거나 액체를 받거나 거르는 데 쓰는 기구

곡식 따위를 까불러 쭉정이나 티끌을 골라내는 도구

예쁜냥이와 문장대결

'체'라는 어휘를 넣어 예쁜냥과 문장 대결을 펼쳐 볼까요?

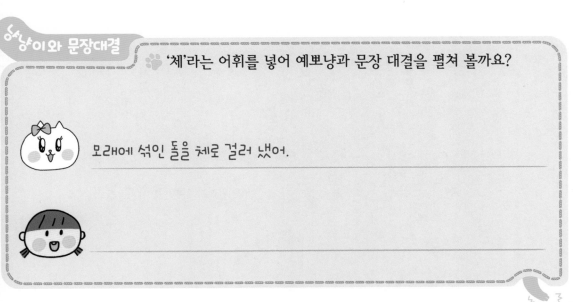

모래에 섞인 돌을 체로 걸러 냈어.

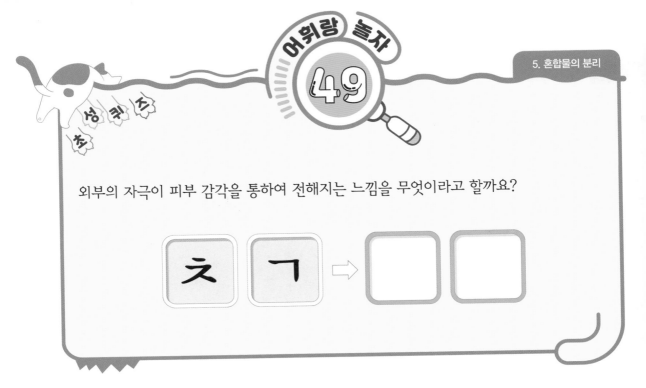

초성퀴즈

어휘랑 놀자 49

외부의 자극이 피부 감각을 통하여 전해지는 느낌을 무엇이라고 할까요?

ㅊ ㄱ ➡ ☐ ☐

 색칠하기

🐾 촉감으로 느낄 수 있는 것들이 다음 그림에 숨어 있어요. 촉감과 관련된 어휘가 들어 있는
칸은 노란색, 후각과 관련된 어휘가 들어 있는 칸은 검은색을 칠하세요.

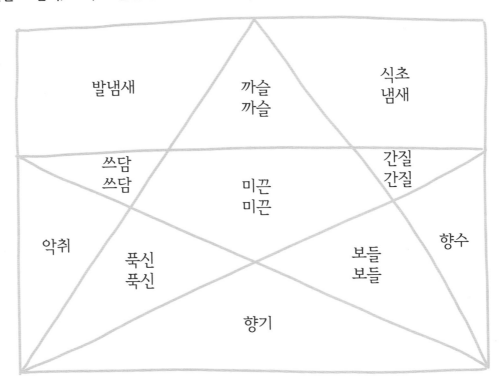

발냄새 / 까슬까슬 / 식초 냄새 / 쓰담쓰담 / 간질간질 / 미끈미끈 / 악취 / 향수 / 푹신푹신 / 보들보들 / 향기

촉감을 표현해요

🐾 장님이 코끼리를 만지고 각각 촉감을 다르게 말했다고 해요. 그래서 냥냥이들도 눈을 가리고 코끼리를 만져 보기로 했어요. 해당하는 부분의 촉감을 생각하며 말풍선을 채워 주세요.

꼬리

코

다리

냥이와 문장대결

🐾 '촉감'이라는 어휘를 넣어 어쩌냥과 문장 대결을 펼쳐 볼까요?

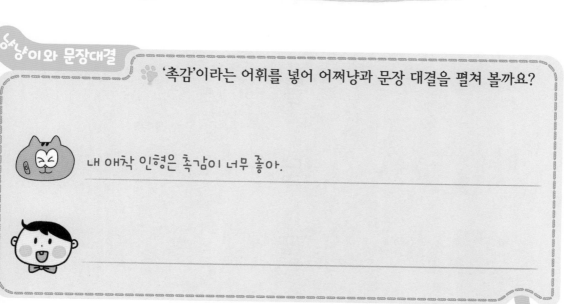

내 애착 인형은 촉감이 너무 좋아.

두 가지 이상의 물질이 각각의 성질을 지니면서 뒤섞인 물질을 무엇이라고 할까요?

ㅎ ㅎ ㅁ ➡ ☐ ☐ ☐

물질의 뜻을 가진 말 - 물

🐾 '물'은 '물질'의 뜻을 가진 말이에요. '혼합물'과 같이 '물'이 물질의 의미를 가진 말을 더 찾아볼까요?

혼합	+	물	=	혼합물
	+	물	=	
	+	물	=	
	+	물	=	

삼행시 완성하기

🐾 친구들의 센스를 알아보는 시간이에요. '혼합물'을 가지고 재미있고, 의미 있는 삼행시를 완성해 보세요.

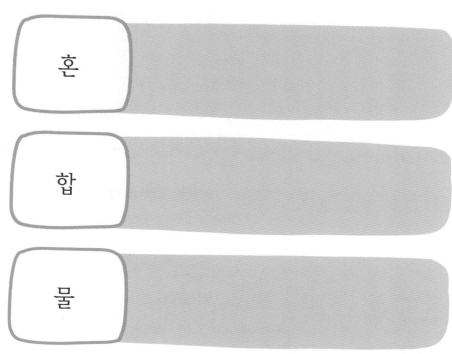

혼

합

물

야옹이와 문장대결

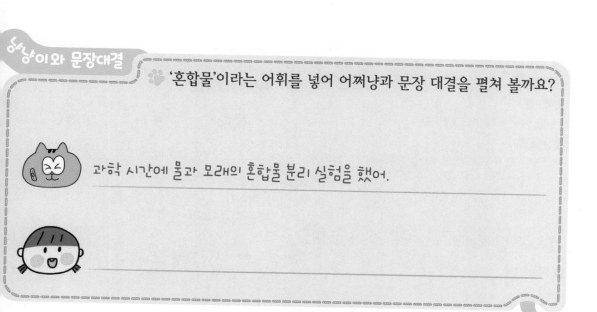

🐾 '혼합물'이라는 어휘를 넣어 어쩌냥과 문장 대결을 펼쳐 볼까요?

과학 시간에 물과 모래의 혼합물 분리 실험을 했어.

정답 및 예시

채점 기준

초성 퀴즈	정확한 답 1개만 정답이 될 수 있어요!
활동 퀴즈	'정답'을 묻는 문제라면 정확한 답인지 확인하고요, '예시'를 찾는 문제라면 조건에 맞는지 확인하세요.
문장 대결	어휘가 문맥에 어울리는지, 위에 나온 예시 문장과 다른 점이 있는지, 문장의 형태를 갖추었는지 확인하세요.

01 근거   8쪽

초성 퀴즈

근거

길 찾기

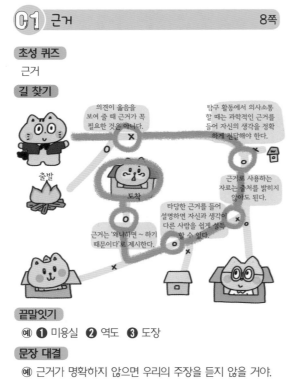

끝말잇기

예 ❶ 미용실 ❷ 역도 ❸ 도장

문장 대결

예 근거가 명확하지 않으면 우리의 주장을 듣지 않을 거야.

02 발포   10쪽

초성 퀴즈

발포

깜빡한 어휘를 찾아라

같은 어휘, 다른 뜻

발포

문장 대결

예 어항의 산소 공급기는 발포 현상을 이용한 것이야.

03 부피   12쪽

초성 퀴즈

부피

초성 퀴즈

부피, 배포, 발표, 비판, 불편, 분필, 비평, 보편, 부패 등

사다리 완성하기

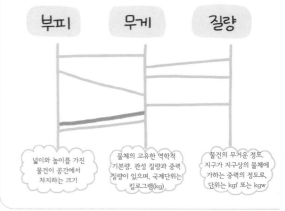

넓이와 높이를 가진 물건이 공간에서 차지하는 크기

물체의 고유한 역학적 기본량. 관성 질량과 중력 질량이 있으며, 국제단위는 킬로그램(kg)

물건의 무거운 정도. 지구가 지구상의 물체에 가하는 중력의 정도로, 단위는 kgf 또는 kgw

문장 대결

예 겨울에 여행이 힘든 건 옷들의 부피가 크기 때문이야.

04 압축

초성 퀴즈

압축

깜박한 어휘 찾기

압축

좌표를 읽어라

① 압축쓰레기통　② 부피

문장 대결

예 압축된 캔만 따로 모아 분리수거를 했어.

05 경사면
16쪽

초성 퀴즈

경사면

벌집 모양 끝말잇기

예

안경 - 경사면 - 면도 - 도자기 - 도화지 - 도라지
기준 - 기차 - 차도 - 도둑
차표 - 표범
지표면

어휘를 활용한 짧은 글쓰기

예 경사면에 세워진 버스는 위험해서 조심해야 한다.

문장 대결

예 경사면에서 구슬을 굴리면 정말 빠르게 굴러가.

06 단면
18쪽

초성 퀴즈

단면

색칠하기

예 귤: 주황색,　수박, 딸기: 빨간색,　레몬: 노란색,　키위: 초
록색 계열로 색칠한다.

'단' 자로 시작하는 말은?

예 단순, 단점, 단풍, 단맛 등

문장 대결

예 채소의 단면으로 도장을 찍는 활동은 무척 재미있어.

07 모형
20쪽

초성 퀴즈

모형

틀린 그림 찾기

끝말잇기

예 (모형)-형태-태극기-기초-초파리-리어카-카메라-
라디오-오디오-오징어-어부-부채

문장 대결

예 요즘에는 음식 모형이 너무 진짜 같아서 속을 때가 많아.

08 발굴
22쪽

초성 퀴즈

발굴

숨은그림찾기

나의 직업은 무엇일까요?

(수중문화재)발굴(조사전문가)

문장 대결

예 이 공룡 뼈를 발굴하기 위해 정말 오랜 시간 동안 노력했어.

09 생성 24쪽

초성 퀴즈

생성

어휘의 뜻 짐작하기

사물이 생겨나다.

초성 퀴즈

예 사슴, 수선, 수사, 수시, 시소, 시설, 석사, 설사, 식수, 시선 등

문장 대결

예 우리가 보고 있는 많은 별들은 이미 오래전에 생성, 소멸된 거래.

10 연속성 26쪽

초성 퀴즈

연속성

비슷한 말 찾기

절	계	산	관	해
생	단	속	련	결
성	장	숙	성	연
짐	발	표	상	관
작	달	관	심	성

관련성, 연관성, 계속성

어휘 확장하기

문장 대결

예 한국사 책이 재미난 것은 내용의 연속성 때문인 것 같아.

11 지층 28쪽

초성 퀴즈

지층

개념 이해하기

지층은 자갈, 모래, 진흙 따위가 운반되어 짧은 시간 동안 단단하게 굳어져 만들어진다.

☐ 맞다 ☑ 틀리다

지층은 수직인 지층, 이어진 지층, 휘어진 지층이 있다.

☑ 맞다 ☐ 틀리다

지각의 변동에 의해서 양쪽으로 당기거나 누르는 강한 힘을 받게 되면 지층은 휘어지거나 끊어지게 된다.

☑ 맞다 ☐ 틀리다

지층에 줄무늬가 나타나는 것은 지층을 이루고 있는 알갱이 크기나 색깔 따위가 서로 다르기 때문이다.

☑ 맞다 ☐ 틀리다

노래 가사 바꾸기

바윗돌 깨뜨려 돌덩이

돌덩이 깨뜨려 돌맹이

돌맹이 깨뜨려 자갈돌

자갈돌 깨뜨려 모래알

문장 대결

예 차곡차곡 쌓인 지층을 보니 무지개떡이 생각나.

12 지표면 30쪽

초성 퀴즈

지표면

삼행시 완성하기

예 지: 지도를 자세히 살펴보면

표: 표시된 곳들이 많이 있어.

면: 면사무소라고 표시된 것 보이지?

사다리 완성하기

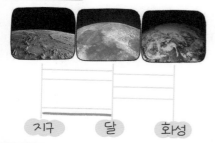

지구   달   화성

문장 대결

<예> 비가 오면 지표면을 통해 빗물이 스며들어.

13 층층이   32쪽

초성 퀴즈

층층이

뜻을 더하는 중복 사용 어휘

<예> 빽 + 빽이 = 빽빽이

똑 + 똑히 = 똑똑히

촘 + 촘히 = 촘촘히

어휘의 활용 알기

(1)		창고에는 안 쓰는 물건이 층층이 쌓여 있다.	(◯)
(2)		앨범을 크기대로 층층이 쌓았다.	(◯)
(3)		벽돌을 층층이 쌓아야 무너지지 않는다.	(◯)
(4)		우리 아파트 계단에는 층층이 소화기가 놓여져 있다.	(◯)
(5)		높고 낮은 아파트에 층층이 불이 켜지기 시작했다.	(◯)

문장 대결

<예> 지층 모형을 만들 때는 층층이 하나씩 쌓아야 해.

14 퇴적물   34쪽

초성 퀴즈

퇴적물

냥냥이의 금고를 열어라

248

어휘 퍼즐

자	돋	본	관	우	연	바	조
다	동	차	잎	고	암	람	구
호	람	물	변	떡	조	사	람
빙	보	쥐	찰	파	본	중	표
해	하	덧	탄	도	투	리	력
달	지	철	성	존	어	석	덕

바람, 물, 빙하, 파도, 중력

문장 대결

<예> 바다에 가득 쌓인 검은 퇴적물의 정체가 뭘까?

15 표본   36쪽

초성 퀴즈

표본

공통 어휘 찾기

표본

비슷한 말 길 찾기

문장 대결

<예> 곤충 표본 만드는 과제는 없는 거지?

16 화석   38쪽

초성 퀴즈

화석

스도쿠 완성하기

호박 화석	고사리 화석	삼엽충 화석	공룡 발자국 화석
공룡 발자국 화석	삼엽충 화석	고사리 화석	호박 화석
삼엽충 화석	공룡 발자국 화석	호박 화석	고사리 화석
고사리 화석	호박 화석	공룡 발자국 화석	삼엽충 화석

어휘 확장하기

예

문장 대결

예 어디에 가면 공룡 뼈 화석을 볼 수 있어?

---

17 꼬투리 40쪽

초성 퀴즈
꼬투리

공통 어휘 찾기

꼬투리

과학도 척척, 수학도 척척!
500(개)

문장 대결
예 8월은 꼬투리가 맺히는 시기야.

---

18 떡잎 42쪽

초성 퀴즈
떡잎

끝말잇기
예 ❶ 귀신 ❷ 소방관 ❸ 떡갈비

떡잎을 찾아라 – 부위 찾기

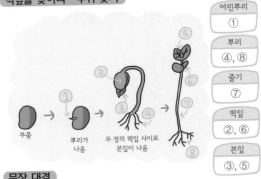

어린뿌리	①
뿌리	④, ⑧
줄기	⑦
떡잎	②, ⑥
본잎	③, ⑤

문장 대결
예 될성부른 나무는 떡잎부터 알아본다.

---

19 새순 44쪽

초성 퀴즈
새순

뜻을 더하는 말 – 새
예 새 + 해 = 새해 / 새 + 신발 = 새 신발
새 + 옷 = 새 옷 / 새 + 책 = 새 책

벌집 모양 끝말잇기
예

문장 대결
예 기린은 긴 목으로 높은 곳의 새순을 따먹는다고 해.

---

20 수확 46쪽

초성 퀴즈
수확

뜻을 더하는 말 – 수
(2) 수 + 용 = 수용 (3) 수 + 거 = 수거 (4) 수 + 양 = 수양

112

수학   수확   새해

문장 대결

㉠ 내가 올해 얻은 최고의 수확은 수학을 좋아하게 되었다는 거야.

21 본잎 48쪽

초성 퀴즈

본잎

초성 퀴즈

㉠ 방위, 보안, 붕어, 불안, 불운, 부양, 복어, 북어, 불어 등

깜빡한 어휘를 찾아라

문장 대결

㉠ 강낭콩 본잎은 떡잎이 나오고 일주일 정도 되면 나오기 시작해.

22 영구 50쪽

초성 퀴즈

영구

스도쿠 완성하기

백자	산	석굴암	훈민정음
훈민정음	석굴암	산	백자
석굴암	훈민정음	백자	산
산	백자	훈민정음	석굴암

사행시 완성하기

㉠ 영: 영원토록 변하지 않는 것

구: 구백 년 동안 지켜 온 우리의 문화재들을

보: 보호하고 지키기 위해서는 무엇보다

존: 존중하는 모습을 가져야 한다.

문장 대결

㉠ 영구 자석이라는 게 있다니 정말 신기해!

23 유성 52쪽

초성 퀴즈

유성

공통으로 들어갈 어휘

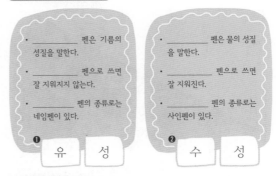

- _____ 펜은 기름의 성질을 말한다.
- _____ 펜으로 쓰면 잘 지워지지 않는다.
- _____ 펜의 종류로는 네임펜이 있다.

❶ 유 성

- _____ 펜은 물의 성질을 말한다.
- _____ 펜으로 쓰면 잘 지워진다.
- _____ 펜의 종류로는 사인펜이 있다.

❷ 수 성

맨 끝으로 보내면?

㉠ (유성)-석유-자석-주전자-연주-자연

문장 대결

㉠ 네임펜은 우리가 쓰는 대표적인 유성펜이야.

24 인공 54쪽

초성 퀴즈

인공

사다리 타기

어휘 퍼즐

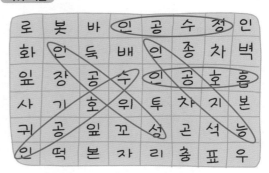

인공 수정, 인공위성, 인공호흡, 인공 호수, 인공 지능

문장 대결

㉠ 우리나라도 인공위성을 쏘아 올린 우주 강대국이야.

25 재배 56쪽

초성 퀴즈

재배

임무를 수행하라

자전거를 열어라!

1790

문장 대결

㉎ 흙이 아닌 물에서 자라게 하는 수경 재배도 있어.

26 종자 58쪽

초성 퀴즈

종자

비슷한 말 길 찾기

깜빡한 어휘 찾기

종자

문장 대결

㉎ 씨를 보관하는 시설을 종자 저장고라고 해.

27 탈지면 60쪽

초성 퀴즈

탈지면

시장에 가면 놀이

㉎ 감기약, 체온계, 해열제

현관문을 열어라!

1

문장 대결

㉎ 탈지면에 알코올을 묻혀 상처를 소독하자.

28 단위 62쪽

초성 퀴즈

단위

보물찾기

머라냥

첫말잇기

㉎ 단어, 단양, 단순, 단점, 단골, 단오, 단체, 단일, 단풍 등

문장 대결

㉎ 무게의 단위는 kg중, g중 따위를 사용해.

29 받침점 64쪽

초성 퀴즈

받침점

어울리는 서술어 찾기

역할 알기

생략

문장 대결

㉎ 더 무거운 사람이 시소의 받침점 가까이 와야 균형이 맞아.

30 범위 66쪽

초성 퀴즈

범위

과학도 척척, 수학도 척척!

90분(1시간 30분)

좌표를 읽어라

① 범위 ② 단위

문장 대결

예 범위가 너무 넓으면 술래잡기 하기가 힘들어.

31 분동 68쪽

초성 퀴즈

분동

보물찾기

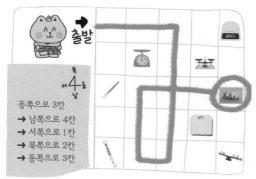

동쪽으로 3칸
→ 남쪽으로 4칸
→ 서쪽으로 1칸
→ 북쪽으로 2칸
→ 동쪽으로 3칸

분동

어휘를 활용한 짧은 글쓰기

예 무게를 재는 실험을 할 때 윗접시 저울의 접시에 물체의
무게와 비슷한 무게의 분동부터 얹어야 해.

문장 대결

예 분동을 집을 때는 핀셋을 이용해야 해.

32 수평 70쪽

초성 퀴즈

수평

알맞게 사용한 냥냥이는?

3마리(괜찮냥, 예쁘냥, 머라냥)

매니큐어 색칠하기

문장 대결

예 바다는 수평이 맞게 사진을 찍어야 예쁜 것 같아.

33 용수철 72쪽

초성 퀴즈

용수철

글자 조합

숨은그림찾기

예쁘냥, 알갓냥

문장 대결

예 개구리는 용수철같이 펄쩍 뛰어.

34 중력 74쪽

초성 퀴즈

중력

길 찾기

우주 공간에 있는 우주선에서도 중력을 느낄 수 있다.

중력은 지구 위의 물체가 우주로부터 받는 힘이다.

들고 있던 공이 아래로 떨어지는 것은 중력 때문이다.

중력은 지구 바깥 방향을 향한다.

달의 중력은 지구에서의 $\frac{1}{6}$이다.

출발 도착

글자 조합
중력

문장 대결
예) 우주선 안에서는 중력이 없어서 똑바로 설 수가 없어.

---

35 추 76쪽

초성 퀴즈
추

분동과 추 구별하기

휴대 전화번호 뒷자리 알아맞히기
(5)431

문장 대결
예) 용수철에 추를 한 개씩 걸면 용수철 길이가 늘어나.

---

36 가열 78쪽

초성 퀴즈
가열

뜻을 더하는 말

雪	上	加	霜
설	상	가	상

加(더할 가)

숫자 퍼즐

3	3	3	3	3	3	3	3	3	3	3	3	3	3	3
3	3	3	3	3	3	3	3	3	3	2	2	2	2	3
3	3	3	3	3	3	3	3	3	2	2	3	2	2	3
3	1	1	1	1	3	1	3	3	2	3	3	3	2	3
3	3	3	1	3	1	3	3	3	2	2	3	2	2	3
3	3	3	1	3	1	1	3	3	3	3	3	3	3	3
3	3	3	1	3	1	3	1	3	3	3	3	3	3	3
3	3	1	3	1	3	1	3	3	2	2	2	2	2	3
3	1	3	3	3	1	3	3	3	2	3	3	3	2	3
3	1	3	3	3	1	3	3	3	2	2	2	2	3	3
3	3	3	3	3	1	3	3	3	2	3	3	3	2	3
3	3	3	3	3	3	3	3	3	3	2	2	2	2	3

가열

문장 대결
예) 증발 접시를 가열할 때는 안전에 유의해야 해.

---

37 깔때기 80쪽

초성 퀴즈
깔때기

끝말잇기
예) (깔때기)-기사-사과-과일-일기-기도-도라지-지팡이-이야기-기차-차별

십자말풀이

			❶깔	때	❷기	
					체	
❸발	포		❹경			❻범
굴			사		❼단	위
	❺탈	지	면		면	

문장 대결
예) 깔때기는 액체를 붓는 데 쓰면 편리한 기구야.

---

38 거름망 82쪽

초성 퀴즈
거름망

선으로 연결하기

초성 퀴즈
예) (음식물) 거름망

문장 대결
예) 잎이나 꽃을 말린 차를 거름망에 넣고 물을 부은 뒤 우려서 마셔.

39 구조 84쪽

초성 퀴즈
구조

맨 끝으로 보내면?
예 (구조)-도구-기도-사기-조사-선조-우선-여우-참여

자전거의 구조를 알아내라

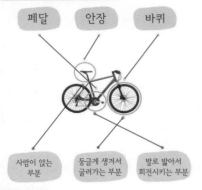

페달
안장
바퀴

사람이 앉는 부분
둥글게 생겨서 굴러가는 부분
발로 밟아서 회전시키는 부분

문장 대결
예 구조는 부분이나 요소가 짜 이루는 것을 말해.

40 더미 86쪽

초성 퀴즈
더미

'미' 자로 끝나는 말은?
예 재미, 취미, 개미, 거미, 장미, 의미, 흥미, 동그라미, 멀미 등

나라 간 발음이 비슷한 어휘
예 더미: 많은 물건이 한데 모여 쌓인 큰 덩어리
dummy(더미): 의복의 디자인, 재단, 봉제, 진열 따위에 사용하는 인체 모형

문장 대결
예 쓰레기 더미에서 먹을 것을 찾는 아이들의 모습은 충격적이었어.

41 발효 88쪽

초성 퀴즈
발효

어휘 찾기
(순서대로) 발효, 방학, 번호

사다리 타기

메주   요거트   치즈   김치

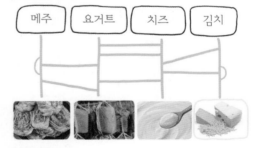

문장 대결
예 발효 식품이 몸에 좋은 건 알겠는데, 냄새가 너무 심한 건 못 먹겠어.

42 색소 90쪽

초성 퀴즈
색소

난 무엇일까요?
(타르)색소

깜빡한 어휘 찾기
색소

문장 대결
예 멜라닌 색소는 우리의 피부색을 결정해.

43 식용 92쪽

초성 퀴즈
식용

사다리 완성하기

약으로 씀   먹을 것으로 씀   일정한 목적이나 기능에 맞게 씀

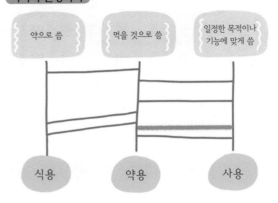

식용   약용   사용

어휘를 활용한 짧은 글쓰기

예 곤충은 미래의 먹거리여서 식용으로 쓰기 위해 많은 연구를 하고 있어.

문장 대결

예 정말 딸기 우유인지, 식용 색소를 넣은 딸기 우유인지 확인해 볼까?

44 염전 94쪽

초성 퀴즈

염전

길 찾기

어휘 퍼즐

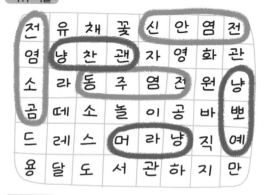

문장 대결

예 염전에서 햇빛, 바람 따위로 물이 잘 증발되어야 소금이 남아.

45 오감 96쪽

초성 퀴즈

오감

깜빡한 어휘를 찾아라

틀린 그림 찾기

문장 대결

예 나는 작은 소리까지 잘 듣는 걸 보면 오감 중에서 청각이 발달했나봐.

46 원료 98쪽

초성 퀴즈

원료

시장에 가면 놀이

예 햄, 당근, 우엉

주인공 찾기

문장 대결

예 우리 할머니께서 음식 맛이 좋으려면 무조건 좋은 원료를 써야 한다고 하셨어.

④⑦ 증발　100쪽

100쪽

초성 퀴즈

증발

첫말잇기

예 증: 증거, 증오, 증명, 증상, 증감, 증권, 증가 등

발: 발달, 발생, 발음, 발전, 발표, 발견, 발목 등

개념 이해하기

> 어떤 물질이 액체 상태에서 기체 상태로 변하는 현상을 '증발'이라고 한다.

☑ 맞다　☐ 틀리다

> 사람이나 물건이 갑자기 사라져 행방을 알지 못하게 되는 것을 '증발하다'라고 말한다.

☑ 맞다　☐ 틀리다

> 유리창에 입김을 불면 뿌옇게 되는 것은 증발 때문이다.

☐ 맞다　☑ 틀리다

> 하늘로 증발한 물은 바로 비가 되어 내린다.

☐ 맞다　☑ 틀리다

문장 대결

예 국을 너무 오래 끓이면 물이 다 증발해서 너무 짜.

④⑧ 체　102쪽

102쪽

초성 퀴즈

체

휴대 전화번호 뒷자리 알아맞히기

(6)89(7)

❶ 밀가루　❷ 쌀

선으로 연결하기

문장 대결

예 체를 빠져나간 건 간장이 되고, 남아 있는 건 된장이 될 거야.

④⑨ 촉감　104쪽

104쪽

초성 퀴즈

촉감

색칠하기

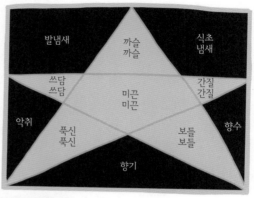

발냄새　까슬까슬　식초 냄새　쓰담쓰담　미끈미끈　간질간질　악취　푹신푹신　보들보들　향수　향기

촉감을 표현해요

예 코: 휘어지고 말랑해.

다리: 굵고 단단해!

꼬리: 뱀처럼 유연해.

문장 대결

예 나는 슬라임을 많이 갖고 노는데, 촉감이 싫다는 친구들도 있더라.

⑤⓪ 혼합물　106쪽

106쪽

초성 퀴즈

혼합물

물질의 뜻을 가진 말 – 물

예 준비 + 물 = 준비물

조형 + 물 = 조형물

장애 + 물 = 장애물

화합 + 물 = 화합물

삼행시 완성하기

예 혼: 혼합물 분리 실험을 하려면 우선 물질들을

합: 합쳐야 해. 성질이 변하지 않으니까.

물: 물이랑 기름을 분리할 수 있겠지?

문장 대결

예 자석을 이용한 혼합물 분리 실험은 너무 재미있어.

1판 1쇄 펴냄 | 2023년 1월 5일

기 획 | 이은경
글 | 이은경·김 선
그 림 | 김재희
발행인 | 김병준
편 집 | 이현주·박유진
마케팅 | 김유정·차현지
디자인 | 김용호·권성민
발행처 | 상상아카데미

등록 | 2010. 3. 11. 제313-2010-77호
주소 | 서울시 마포구 독막로 6길 11(합정동), 우대빌딩 2, 3층
전화 | 02-6953-8343(편집), 02-6925-4188(영업)
팩스 | 02-6925-4182
전자우편 | main@sangsangaca.com
홈페이지 | http://sangsangaca.com

ISBN 979-11-85402-79-6 (64080)
      979-11-85402-75-8 (64080) (세트)